固定资产岗位真账实战

李士振 编著

中国纺织出版社有限公司

内 容 提 要

本书将从基本的会计专业理论出发，根据固定资产会计岗位的工作要求，将其划分为"固定资产的基本概念""固定资产的初始计量""固定资产折旧""固定资产后续计量""投资性房地产""固定资产投资管理"及"固定资产内部控制和固定资产审计"七大业务模块，又将每一模块的工作任务具体化，并辅之以相应的实操案例，实现了理论与实操的有机结合，详细讲解企业的固定资产会计核算、日常管理、投资决策的各个方面，以期为广大会计从业人员解决日常工作中面临的实际困难。本书以相关会计制度的规定为主，结合大量会计实际案例系统全面地阐述了企业在正常运营过程中涉及的固定资产核算与投资的各类事项，为读者了解、熟悉与掌握企业固定资产业务提供了切实的参考与指导。通过本书的学习，既可以掌握出纳岗位的理论基本功，又可以掌握实务操作的具体要求。本书适合财会人员、投资部门工作人员、资产管理部门工作人员、注册会计师、广大财经爱好者及其他相关人士阅读。

图书在版编目（CIP）数据

固定资产岗位真账实战/ 李士振编著．-- 北京：中国纺织出版社有限公司，2023.3
ISBN 978-7-5229-0211-1

Ⅰ．①固… Ⅱ．①李… Ⅲ．①固定资产管理—会计 Ⅳ．① F275.2

中国版本图书馆 CIP 数据核字（2022）第 252072 号

责任编辑：史 岩 曹炳镝 责任校对：高 涵 责任印制：储志伟

中国纺织出版社有限公司出版发行
地址：北京市朝阳区百子湾东里A407号楼 邮政编码：100124
销售电话：010—67004422 传真：010—87155801
http://www.c-textilep.com
中国纺织出版社天猫旗舰店
官方微博 http://weibo.com/2119887771
三河市延风印装有限公司印刷 各地新华书店经销
2023年3月第1版第1次印刷
开本：710×1000 1/16 印张：13.5
字数：196千字 定价：68.00元

凡购本书，如有缺页、倒页、脱页，由本社图书营销中心调换

前言
Preface

固定资产是指同时具有下列特征的有形资产：为生产商品、提供劳务、出租或经营管理而持有的；使用寿命超过一个会计年度。

固定资产对于企业而言是立足之本、是利益之源，在企业经营中的地位与重要性是不可替代的。企业固定资产的正确核算、科学有效的投资决策、有效的内部控制管理制度对于企业的发展将产生长远的影响。因此，本书将从基本的会计专业理论出发，详细讲解企业的固定资产会计核算、日常管理、投资决策的各个方面，以期为广大会计从业人员解决日常工作中面临的实际困难。

本书根据存货会计岗位的工作要求，将其划分为"固定资产的基本概念""固定资产的初始计量""固定资产折旧""固定资产后续计量""投资性房地产""固定资产投资管理"及"固定资产内部控制和固定资产审计"七大业务模块，又将每一模块的工作任务具体化，并辅之以相应的实操案例，实现了理论与实操的有机结合。

本书以提升专业人员的动手实操能力为第一要务，通过本书的学习，既可以掌握出纳岗位的理论基本功，又可以掌握实务操作的具体要求。总而言之，本书具有以下四个特点：

第一，指导性强。本书以实际工作中的具体分工与业务内容为标准来编写，指导性非常强。

第二，完全仿真。本书注重模拟环境的营造，所有资料尽可能逼真，例如，所有的票据都与实际情形一模一样。

第三，操作性强。每项实训都给出实训步骤与指导，使读者能按顺序完成实训过程，不至于手忙脚乱，不知从何下手。同时，给出参考答案和检测标准，便于读者自我评价。

第四，编排新颖。在具体实训过程中，不时插入小提示、知识回顾等内容，且尽可能图表化、语言简练，从而使整本书的风格生动活泼。

  本书不仅可以作为财会类专业学生的就业准备训练教材，还可以作为企业会计人员的培训教材，以及从业人员的自学教材。

  本书无论在编写内容上还是在编写体例上均做了新的尝试，但由于作者的水平和实践经验有限，书中难免存在疏漏之处，恳请广大读者批评指正，我们将在修订版中予以更正。

李士振

2022 年 12 月

目录 Contents

第一章　固定资产的基本概念 …… 1
　第一节　固定资产的含义 …… 2
　第二节　固定资产的确认 …… 5
　第三节　固定资产管理 …… 7
　第四节　固定资产会计 …… 9

第二章　固定资产的初始计量 …… 13
　第一节　外购固定资产 …… 14
　第二节　自行建造固定资产 …… 20
　第三节　租入固定资产 …… 28
　第四节　售后租回交易的固定资产 …… 39
　第五节　非货币性资产交换换入的固定资产 …… 48
　第六节　以债务重组方式获得的固定资产 …… 61
　第七节　与政府补助相关的固定资产 …… 64
　第八节　其他特定固定资产 …… 69

第三章　固定资产折旧 …… 73
　第一节　固定资产折旧概述 …… 74
　第二节　固定资产折旧的方法 …… 78

第四章　固定资产后续计量 …… 85
　第一节　固定资产后续支出 …… 86
　第二节　固定资产处置 …… 95
　第三节　固定资产清查 …… 98

第四节　固定资产减值 100

第五章　投资性房地产 101
  第一节　投资性房地产的特征与范围 102
  第二节　投资性房地产的确认和初始计量 106
  第三节　投资性房地产的后续计量 111
  第四节　投资性房地产的转换 115
  第五节　投资性房地产的处置 122

第六章　固定资产投资管理 125
  第一节　投资管理概述 126
  第二节　财务可行性分析 131
  第三节　财务可行性评价指标 141
  第四节　项目投资决策方法及应用 166

第七章　固定资产内部控制和固定资产审计 181
  第一节　固定资产内部控制 182
  第二节　固定资产审计 189
  第三节　在建工程审计 201
  第四节　工程物资和固定资产清理审计 204

第一章
固定资产的基本概念

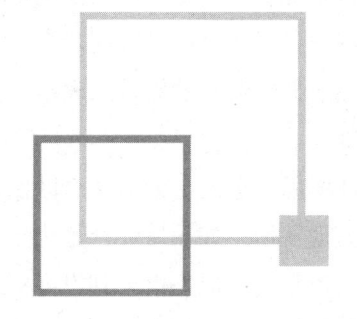

第一节　固定资产的含义

一、固定资产的含义

固定资产是指同时具有下列特征的有形资产：
（1）为生产商品、提供劳务、出租或经营管理而持有的。
（2）使用寿命超过一个会计年度。

二、固定资产的特征

首先，企业持有固定资产的目的是用于生产商品、提供劳务、出租或经营管理，而不是直接用于出售。其中，出租是指以经营租赁方式出租的机器设备等，以经营租赁方式出租的建筑物属于企业的投资性房地产。

其次，固定资产的使用寿命超过一个会计年度。该特征使固定资产明显区别于流动资产。使用寿命超过一个会计年度，意味着固定资产属于长期资产。固定资产的使用寿命，是指企业使用固定资产的预计期间，或者该固定资产所能生产产品或提供劳务的数量。通常情况下，固定资产的使用寿命是指使用固定资产的预计使用期间，某些机器设备或运输设备等固定资产的使用寿命，也可以以该固定资产所能生产产品或提供劳务的数量来表示，例如，发电设备可按其预计发电量估计使用寿命。

最后，固定资产必须是有形资产。该特征将固定资产与无形资产区别开来。有些无形资产可能同时符合固定资产的其他特征，如无形资产是为生产商品、提供劳务而持有，使用寿命超过一个会计年度，但是由于其没有实物形态，所以不属于固定资产。有生命的动物和植物属于生物资产，应当按照生物资产准则的有关规定进行会计处理。

三、固定资产的分类

企业的固定资产种类繁多、规格不一，为加强管理，便于组织会计核算，有必要对其进行科学、合理的分类。根据不同的管理需要和核算要求以及不同的分类标准，可以对固定资产进行不同的分类，主要有以下几种分类方法。

（一）按经济用途分类

按固定资产的经济用途分类，可分为生产经营用固定资产和非生产经营用固定资产。

生产经营用固定资产，是指直接服务于企业生产、经营过程的各种固定资产，如生产经营用的房屋、建筑物、机器、设备、器具、工具等。

非生产经营用固定资产，是指不直接服务于生产、经营过程的各种固定资产，如职工宿舍等使用的房屋、设备和其他固定资产等。

按照固定资产的经济用途分类，可以归类反映和监督企业生产经营用固定资产和非生产经营用固定资产之间，以及生产经营用各类固定资产之间的组成和变化情况，借以考核和分析企业固定资产的利用情况，促使企业合理地配备固定资产，充分发挥其效用。

（二）综合分类

按固定资产的经济用途和使用情况等综合分类，可把企业的固定资产划分为七大类：

（1）生产经营用固定资产。
（2）非生产经营用固定资产。
（3）租出固定资产（指在经营租赁方式下出租给外单位使用的固定资产）。
（4）不需用固定资产。
（5）未使用固定资产。

（6）土地（指过去已经估价单独入账的土地。因征地而支付的补偿费，应计入与土地有关的房屋、建筑物的价值内，不单独作为土地价值入账。企业取得的土地使用权，应作为无形资产管理，不作为固定资产管理）。

（7）融资租入固定资产（指企业以融资租赁方式租入的固定资产，在租赁期内，应视同自有固定资产进行管理）。

由于企业的经营性质不同，经营规模各异，对固定资产的分类不可能完全一致。但实际工作中，企业大多采用综合分类的方法作为编制固定资产目录、进行固定资产核算的依据。

四、固定资产核算的科目设置

为了核算固定资产，企业一般需要设置"固定资产""累计折旧""在建工程""工程物资""固定资产清理"等科目，核算固定资产取得、计提折旧、处置等情况。

（1）"固定资产"科目核算企业固定资产的原价，借方登记企业增加的固定资产原价，贷方登记企业减少的固定资产原价，期末借方余额，反映企业期末固定资产的账面原价。企业应当设置"固定资产登记簿"和"固定资产卡片"，按固定资产类别、使用部门和每项固定资产进行明细核算。

（2）"累计折旧"科目属于"固定资产"的调整科目，核算企业固定资产的累计折旧，贷方登记企业计提的固定资产折旧，借方登记处置固定资产转出的累计折旧，期末贷方余额，反映企业固定资产的累计折旧额。

（3）"在建工程"科目核算企业基建、更新改造等在建工程发生的支出，借方登记企业各项在建工程的实际支出，贷方登记完工工程转出的成本，期末借方余额反映企业尚未达到预定可使用状态的在建工程的成本。

（4）"工程物资"科目核算企业为在建工程而准备的各种物资的实际成本。该科目借方登记企业购入工程物资的成本，贷方登记领用工程物资的成本，期末借方余额，反映企业为在建工程准备的各种物资的成本。

（5）"固定资产清理"科目核算企业因出售、报废、毁损、对外投资、非货币性资产交换、债务重组等原因转出的固定资产价值以及在清理过程中发生的费用等，借方登记转出的固定资产价值、清理过程中应支付的相关税费及其他费用，贷方登记固定资产清理完成的处理，期末借方余额，反映企业尚未清理完毕固定资产清理净损失。该科目应按被清理的固定资产项目设置明细账，进行明细核算。

此外，企业固定资产、在建工程、工程物资发生减值的，还应当设置"固定资产减值准备""在建工程减值准备""工程物资减值准备"等科目进行核算。

第二节　固定资产的确认

一、固定资产的确认条件

一项资产如要作为固定资产加以确认，首先需要符合固定资产的定义，其次还要符合固定资产的确认条件，即与该固定资产有关的经济利益很可能流入企业，同时，该固定资产的成本能够可靠地计量。

1.与该固定资产有关的经济利益很可能流入企业

企业在确认固定资产时，需要判断与该项固定资产有关的经济利益是否很可能流入企业。实务中，主要是通过判断与该固定资产所有权相关的风险和报酬是否转移到了企业来确定。

通常情况下，取得固定资产所有权是判断与固定资产所有权有关的风险和报酬是否转移到企业的一个重要标志。凡是所有权已属于企业，无论企业是否收到或拥有该固定资产，均可作为企业的固定资产；反之，如果没有取得所有权，即使存放在企业，也不能作为企业的固定资产。但是所有权是否转移不是唯一的判断标准。在有些情况下，某项固定资产的所有权虽然不属于企业，但是，企业能够控制与该项固定资产有关的经济利益流入企业，在这种情况下，企业应将该固定资产予以确认。例如，在融资租赁方式下租入的固定资产，企业（承租人）虽然不拥有该项固定资产的所有权，但企业能够控制与该固定资产有关的经济利益流入企业，与该固定资产所有权相关的风险和报酬实质上已转移到了企业，因此，符合固定资产确认的第一个条件。

2.该固定资产的成本能够可靠地计量

成本能够可靠地计量是资产确认的一项基本条件。要确认固定资产，企业取得该固定资产所发生的支出必须能够可靠地计量。企业在确定固定资产成本时，有时需要根据所获得的最新资料，对固定资产的成本进行合理的估计。如果企业能够合理地估计出固定资产的成本，则视同固定资产的成本能够可靠地计量。

如果固定资产是由多个具有不同功能的部分组成的，固定资产的各组成部分具有不同使用寿命或者以不同方式为企业提供经济利益，适用不同折旧率或折旧方法的，也应当分别将各组成部分确认为单项固定资产。

如果固定资产在存续期间，发生了与固定资产有关的后续支出，而且符合《企业会计准则第4号——固定资产》所规定的确认条件的，应当计入固定资产成本；不符合确认条件的，应当在发生时计入当期损益。

二、固定资产确认条件的具体应用

尽管《企业会计准则第4号——固定资产》对固定资产的确认比较明确，在会计实务中，仍会有一些特殊的情况，在本小节中，我们将会对一些特殊情况下，是否可以将其确认为固定资产进行具体的分析与说明。

（一）固定资产的各组成部分是否单独确认为固定资产

构成固定资产的各组成部分，如果各自具有不同的使用寿命或者以不同的方式为企业提供经济利益，从而适用不同的折旧率或者折旧方法，此时各组成部分实际上是以独立的方式为企业提供经济利益，因此，企业应将其各组成部分单独确认为单项固定资产。例如，飞机的引擎，如果其与飞机机身具有不同的使用寿命，从而适用不同的折旧率或折旧方法，则企业应将其单独确认为固定资产。

（二）环保与安全设备的确认

企业购置的环保设备和安全设备等资产，它们的使用虽然不能直接为企业带来经济利益，但是有助于企业从相关资产中获得经济利益，或者减少企业未来经济利益的流出，因此，对于这些设备，企业应将其确认为固定资产。例如，为净化环境或者满足国家有关排污标准的需要购置的环保设备，这些设备的使用虽然不会为企业带来直接的经济利益，但有助于企业提高对废水、废气、废渣的处理能力，有利于净化环境，企业为此将减少未来由于污染环境而需要支付的环境净化费或者罚款，所以企业应将这些设备确认为固定资产。

（三）特殊行业专用器材的确认

工业企业持有的工具、模具、管理用具、玻璃用具、玻璃器皿等资产，施工企业持有的模板、挡板、架料等周围材料，以及地质勘探企业持有的管材等资产，企业应当根据实际情况进行核算和管理。如果该资产项目符合固定资产的定义及其确认条件，就应当确认为固定资产；如果该资产项目不符合固定资产的定义或没有满足固定资产的确认条件，就不应当确认为固定资产，而应当作为流动资产进行核算和管理。

第三节　固定资产管理

一、固定资产管理的作用

提高固定资产管理水平可以加强财务预算管理，加强财务决策能力，提高财务管理水平，也为财务数据的真实性、准确性和科学性提供了保障。因此，为规范固定资产管理的处理流程，加强固定资产管理以保证公司的经营，可结合实际情况，制订公司固定资产管理办法。

二、固定资产管理流程

（一）固定资产的购置

（1）采购部提交关于固定资产购置的申请，主要涉及购置资产的作用、规格、价格等相关内容，经财务部长审批同意后，提交总经理审批。总经理审批同意后，将审批单发给采购部。

（2）采购部收到审批单后，购买固定资产，并将固定资产采购合同、发票等提交财务部；设备验收以后，将验收报告提交财务部。

（3）财务部判定固定资产的类别，填制固定资产卡片，并录入固定资产登记簿。

（二）固定资产的使用

（1）财务部门年末对固定资产进行盘点，并进行资产评估。

（2）固定资产使用部门将日常设备修理费用等相关固定资产支出上报财务部。

（3）财务人员根据固定资产支出情况填制会计凭证；年末填写固定资产卡片。

（三）固定资产的报废

（1）固定资产使用部门填写固定资产报废申请表提交财务部。

（2）财务部核算该固定资产的账面价值，整理固定资产相关资料，计算固定资产盘点结果，提交财务部负责人审批。

（3）财务负责人进一步核算，批准后报总经理审批。

（4）总经理审批完毕，固定资产使用部门报废固定资产，同时财务部制作相关凭证，并登记固定资产登记簿。

（5）若是在审批过程中遭到退回，则由固定资产使用部门重新填制固定资产使用表，重复上述环节。

具体流程如图1-1所示。

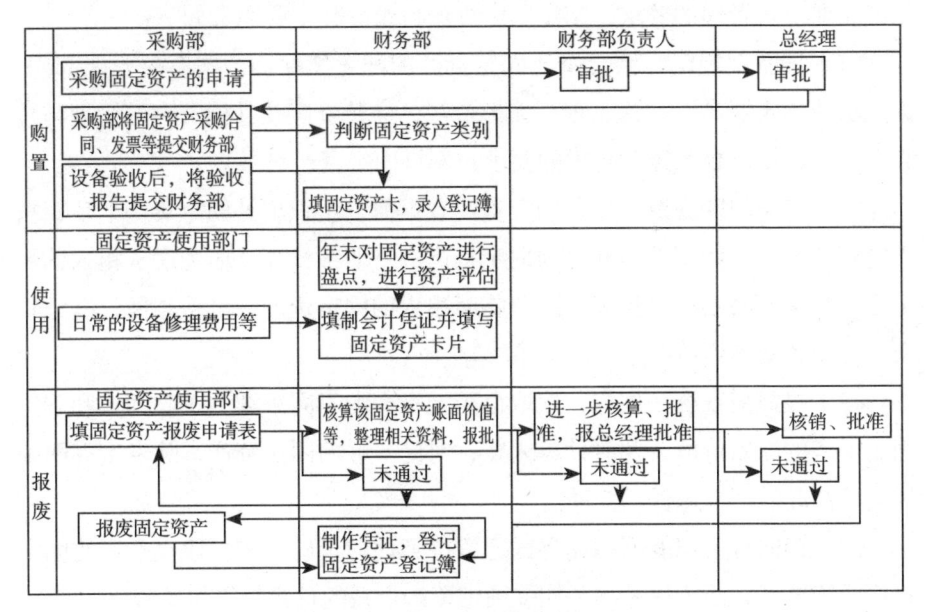

	采购部	财务部	财务部负责人	总经理
购置	采购固定资产的申请 → 采购部将固定资产采购合同、发票等提交财务部 → 设备验收后，将验收报告提交财务部	判断固定资产类别 → 填固定资产卡，录入登记簿	审批	审批
使用	固定资产使用部门 → 日常的设备修理费用等	年末对固定资产进行盘点，进行资产评估 → 填制会计凭证并填写固定资产卡片		
报废	固定资产使用部门 → 填固定资产报废申请表 → 报废固定资产	核算该固定资产账面价值等，整理相关资料，报批 / 未通过 → 制作凭证，登记固定资产登记簿	进一步核算、批准，报总经理批准 / 未通过	核销、批准 / 未通过

图1-1 固定资产管理流程图

第四节 固定资产会计

一、固定资产会计岗位的设置

固定资产会计岗位究竟应该如何设置，取决于一个单位业务规模的大小、人员的多少及企业的业务特点等各种因素。固定资产会计岗位既可以单独设置，也可以与材料等存货岗位合并设置。

二、固定资产会计的职责

设立固定资产会计岗位是为了建立健全固定资产的管理与核算办法，并依照企业经营管理的要求，制定固定资产目录。其主要职责如下：

（1）按制度规定，结合企业固定资产的配置情况，会同有关职能部门，建立健全固定资产、在建工程、无形资产、递延资产及其他资产的管理与核算办法；并依照企业经营管理的要求，制订固定资产目录。

（2）依照制度规定，设置固定资产登记簿，组织填补固定资产卡片，按固定资产类别、使用部门和每项固定资产进行明细核算。应为融资租入的固定资产要单设明细科目核算；属于临时租入的固定资产专设备查簿，登记租入、使用和交还等情况。

（3）根据国家统一规定，按取得固定资产的不同来源，正确计算和确定固定资产的原始价值，及时计价入账；对已入账的固定资产，除发生有明确规定的情况外，不得任意变动。

（4）会同有关职能部门完善固定资产管理的基础工作，建立严格的固定资产明细核算凭证传递手续，加强固定资产增减的日常核算与监督。

（5）按国家的有关规定选择固定资产折旧方法，及时提取折旧；掌握固定资产折旧范围，做到不错、不漏。

（6）负责对在建工程的预决算管理。对自营工程、在施工程要严格审查工程预算；施工中要正确处理试运转所发生的支出和收入；完工交付使用要按规定编制竣工决算，并参与办理竣工验收和交接手续；对出包工程，要参与审查工程承包合同，按规定审批预付工程款；完工交付使用时要认真审查工程决算，办理工程款清算。

（7）负责核算各种无形资产的计价，正确处理无形资产的转让和投资，并按规定确定各种无形资产的摊销期。

（8）负责对递延资产、其他资产的价值管理；掌握各种递延资产的分摊期，正确处理递延资产和待摊费用的划分；确保储备物资的专门用途，维护其安全与完整。

（9）对被清理的固定资产，要分别按有偿转让、报废、毁损等不同情况进行账务处理。

（10）会同有关部门定期组织固定资产清查盘点工作，汇总清查盘点结果，发现问题，查明原因，及时妥善处理；并按规定的报批程序，办理固定资产盘盈、盘亏的审批手续，经批准后办理转销的账务处理。

（11）经常了解主要固定资产的使用情况，运用有关核算资料分析固定资产的利用效果，改善固定资产的管理工作，并向企业提供有价值的会计信息或建议。

三、不相容职务的分离控制

固定资产业务需要分离的不相容职务主要有：

（1）固定资产使用与资产采购与单位内部建筑或建设部门人员的职务分离。

（2）固定资产请购与建造审批人员的职务分离。

（3）固定资产预算的复核审批与资产预算编制人员的职务分离。

（4）固定资产验收与采购或承建、款项支付人员的职务分离。

（5）固定资产使用或保管与资产记录人员的职务分离。

（6）固定资产盘查应保证有独立于使用、保管及进行业务记账的人员来进行。

（7）固定资产报废审批与资产报废通知单编制人员的职务分离。

四、固定资产岗位会计核算的重要性

固定资产岗位会计由于其处理对象的特殊性，在一个企业的会计工作岗位中处于举足轻重的地位。一般而言，其重要性体现在以下四个方面。

1. 固定资产属于生产资料，是物质生产的基础

固定资产属于生产资料，生产资料是劳动者用以影响或改变劳动对象的性能或形态的物质资料，如机器设备、厂房、运输工具等。生产资料是物质生产的基础，在企业经济活动中处于十分重要的地位。

2.固定资产单位价值高，所占资金比重大

与流动资产相比，固定资产的购置或取得，通常要花费较大的代价。在绝大多数企业中，固定资产所占的资金在其资金总额中占有较大的比重，是企业家底的"大头"。由于经济价值大的特点，固定资产对企业财务状况的反映也有很大影响，任何在固定资产计价或记录上的错误，都有可能在较大程度上改变企业真实的财务状况。

3.固定资产的折旧计提对成本费用的影响较大

固定资产在使用过程中，它们的价值应以折旧的形式逐渐转移到产品或服务成本中去。由于固定资产的价值较大，即使其折旧计提几乎贯穿整个使用期间，在某一会计期间计入产品或服务成本中的折旧额依然较大，所以，固定资产的折旧计提方法是否合理，折旧额的计算是否正确，将在很大程度上影响当期的成本费用水平以及固定资产的净值。

4.固定资产管理工作的难度较大，问题较多

由于企业的固定资产种类多、数量大、使用分散、使用期限较长，在使用和管理中容易发生被遗忘、遗失、损坏或失盗等事件。

第二章
固定资产的初始计量

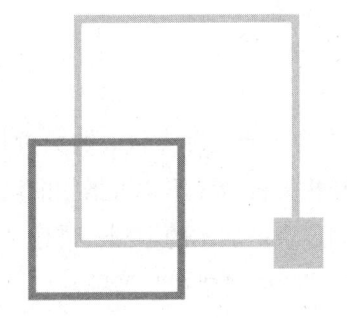

第一节　外购固定资产

固定资产应当按照成本进行初始计量。固定资产的成本，是指企业购建某项固定资产达到预定可使用状态前所发生的一切合理、必要的支出。这些支出包括直接发生的价款、相关税费、运杂费、包装费和安装成本等；也包括间接发生的，如应承担的借款利息、外币借款折算差额以及应分摊的其他间接费用。

企业取得固定资产的方式一般包括购买、自行建造、融资租入等，取得方式不同，其成本的具体构成内容和初始计量的方法也各不相同。

企业外购固定资产的成本，包括购买价款、相关税费、使固定资产达到预定可使用状态前所发生的可归属于该项资产的运输费、装卸费、安装费和专业人员服务费等。

外购固定资产是否达到预定可使用状态，需要根据具体情况进行分析判断。企业购入的固定资产分为不需要安装的固定资产和需要安装的固定资产两种情形。如果购入不需安装的固定资产，购入后即可发挥作用，则购入后即可达到预定可使用状态。如果购入需安装的固定资产，只有在安装调试后达到设计要求或合同规定的标准，才达到预定可使用状态。

一、购入不需安装的固定资产

企业购入不需要安装的固定资产取得成本为企业实际支付的购买价款、包装费、运杂费、保险费、专业人员服务费和相关税费（不含可抵扣的增值税进项税额）等，其财务处理为：按应计入固定资产成本的金额，借记"固定资产"科目，贷记"银行存款""其他应付款""应付票据"等科目。

【例2-1】2×20年5月20日，三木制造公司购入一台不需要安装，直接就可投入使用的设备，取得的相应增值税专用发票上注明的设备价款为

1 000 000元，增值税税额为130 000元，发生的运费5 000元，以银行存款转账的方式向对方进行了支付。假定不考虑其他相关税费，三木制造公司应进行的账务处理如下：

借：固定资产——××设备　　　　　　　　　　　　1 004 550
　　应交税费——应交增值税（进项税额）
　　　　　　　　　　　　（130 000+5 000×9%）130 450
　贷：银行存款　　　　　　　　　　　　　　　　　1 135 000

三木制造公司购置设备的成本=1 000 000+5 000-5 000×9%=1 004 550（元）

如无特殊说明，本书举例题中的公司均为增值税一般纳税人，其发生在购建固定资产上的增值税进项税额均符合规定，可以抵扣。

二、购入需要安装的固定资产

企业购入需要安装的固定资产的取得成本是在购入不需要安装的固定资产的成本基础上，加上安装调试成本等，其账务处理为：按应计入固定资产成本的金额，先记入"在建工程"科目，安装完毕交付使用时再转入"固定资产"科目。

【例2-2】2×20年5月10日，三木制造公司购入一台需要安装的注塑成型设备，取得的增值税专用发票上注明的设备价款为500 000元，增值税进项税额为65 000元，支付的运输费为2 500元，款项已通过银行支付；安装设备时，领用本公司原材料一批，价值30 000元，购进该批原材料时支付的增值税进项税额为3 900元；支付安装工人的工资为5 000元。假定不考虑其他相关税费，三木制造公司的账务处理如下：

（1）支付设备价款、增值税、运输费合计为567 500元。

借：在建工程——××设备　　　　　　　　　　　　502 275
　　应交税费——应交增值税（进项税额）
　　　　　　　　　　　　（65 000+2 500×9%）65 225
　贷：银行存款　　　　　　　　　　　　　　　　　567 500

（2）领用本公司原材料、支付安装工人工资等费用合计为35 000元。

借：在建工程——××设备　　　　　　　　　　35 000
　　贷：原材料　　　　　　　　　　　　　　　　30 000
　　　　应付职工薪酬　　　　　　　　　　　　　 5 000

（3）设备安装完毕达到预定可使用状态。

固定资产的成本 =502 275+35 000=537 275（元）

借：固定资产——××设备　　　　　　　　　　537 275
　　贷：在建工程——××设备　　　　　　　　　537 275

三、一笔款项购入多项没有单独标价的固定资产

在实际工作中，企业可能以一笔款项购入多项没有单独标价的固定资产。此时，应当按照各项固定资产的公允价值比例对总成本进行分配，分别确定各项固定资产的成本。如果以一笔款项购入的多项资产中除固定资产之外还包括其他资产，也应按类似方法予以处理。

【例2-3】2×20年4月21日，三木制造公司一次性购入三台不同型号且具有不同生产能力的设备A、B和C。三木制造公司为该批设备共支付货款5 000 000元，增值税进项税额650 000元，保险费17 000元，装卸费3 000元，全部以银行转账支付；假定A、B和C设备分别满足固定资产确认条件，公允价值分别为1 560 000元、2 340 000元和1 300 000元。假定不考虑其他相关税费，三木制造公司的账务处理如下：

（1）确定应计入固定资产成本的金额，包括购买价款、保险费、装卸费等。

5 000 000 + 17 000 + 3 000 = 5 020 000（元）

（2）确定A、B和C的价值分配比例。

A设备应分配的固定资产价值比例为：

1 560 000÷（1 560 000 + 2 340 000 + 1 300 000）×100% = 30%

B设备应分配的固定资产价值比例为：

2 340 000÷（1 560 000 + 2 340 000 + 1 300 000）×100% = 45%

C设备应分配的固定资产价值比例为：
1 300 000÷（1 560 000 + 2 340 000 + 1 300 000）×100% = 25%
（3）确定A、B和C设备各自的成本。
A设备的成本 = 5 020 000×30% = 1 506 000（元）
B设备的成本 = 5 020 000×45% = 2 259 000（元）
C设备的成本 = 5 020 000×25% = 1 255 000（元）
（4）会计分录。

借：固定资产——A	1 506 000
——B	2 259 000
——C	1 255 000
应交税费——应交增值税（进项税额）	650 000
贷：银行存款	5 670 000

四、分期付款方式购买资产

企业购买固定资产通常在正常信用条件期限内付款，但也会发生超过正常信用条件购买固定资产的经济业务，如采用分期付款方式购买资产，且在合同中规定的付款期限比较长，超过了正常信用条件。在这种情况下，该项购货合同实质上具有融资性质，购入固定资产的成本不能以各期付款额之和确定，而应以各期付款额的现值之和确定。固定资产购买价款的现值，应当按照各期支付的价款选择恰当的折现率进行折现后的金额加以确定。折现率是反映当前市场货币时间价值和延期付款债务特定风险的利率。该折现率实质上是供货企业的必要报酬率。各期实际支付的价款之和与其现值之间的差额，在达到预定可使用状态之前符合《企业会计准则第17号——借款费用》中规定的资本化条件的，应当通过在建工程计入固定资产成本，其余部分应当在信用期间内确认为财务费用，计入当期损益。其账务处理为：购入固定资产时，按购买价款的现值，借记"固定资产"或"在建工程"等科目，按应支付的金额，贷记"长期应付款"科目，按其差额，借记"未确认融资费用"科目。

【例2-4】2×20年1月1日,华明公司与宏业公司签订一项购货合同,从宏业公司购入一台需要安装的大型机器设备,收到的增值税专用发票上注明的设备价款为9 238 938元,增值税税额为1 201 062元。合同约定,华明公司于2×20~2×25年5年内,每年的12月31日支付2 088 000元。2×20年1月1日,华明公司收到该设备并投入安装,发生保险费、装卸费等7 000元;2×20年12月31日,该设备安装完毕达到预定可使用的状态,共发生安装费50 000元,款项均以银行存款支付。假定华明公司综合各方面因素后决定采用10%作为折现率,不考虑其他因素。华明公司的账务处理如下:

(1) 2×20年1月1日,确定购入固定资产成本的金额,包括购买价款、增值税税额、保险费、装卸费等。

购入固定资产成本=2 088 000×3.7908+7 000=7 922 190.4 (元)

借:在建工程　　　　　　　　　　　　　7 922 190.40
　　未确认融资费用　　　　　　　　　　2 517 809.60
　　贷:长期应付款　　　　　　　　　　　　　　10 440 000.00

(2) 2×20年度发生安装费用50 000元。

借:在建工程　　　　　　　　　　　　　50 000
　　贷:银行存款　　　　　　　　　　　　　　50 000

(3) 确定未确认融资费用在信用期间的分摊额,见表2-1。

表2-1　未确认融资费用分摊表

日期	分期付款额 (1)	确认的融资费用 (2)=期初 (4)×10%	应付本金减少额 (3)=(1)- (2)	应付本金余额 (4)=期初 (4)-(3)
2×20年1月1日				7 922 190.4
2×20年12月31日	2 088 000	792 219.0	1 295 781	6 626 409.4
2×21年12月31日	2 088 000	662 640.9	1 425 359.1	5 201 050.3
2×22年12月31日	2 088 000	520 105	1 567 895	3 633 155.3
2×23年12月31日	2 088 000	363 315.5	1 724 684.5	1 908 470.8
2×24年12月31日	2 088 000	190 847.1	1 908 470.8	0.0
合计	10 440 000	2 517 809.6	7 922 190.4	

（4）2×20年12月31日，分摊未确认融资费用、结转工程成本、支付款项。

  借：在建工程   792 219
    贷：未确认融资费用   792 219
  借：固定资产   8 764 409.8
    贷：在建工程   8 764 409.8
  借：长期应付款   2 088 000
    贷：银行存款   2 088 000

（5）2×21年12月31日，分摊未确认融资费用、支付款项。

  借：财务费用   662 640.9
    贷：未确认融资费用   662 640.9
  借：长期应付款   2 088 000
    贷：银行存款   2 088 000

2×22～2×24年分摊未确认融资费用、支付款项的账务处理比照2×21年的相关财务处理。

五、接受固定资产投资

  接受固定资产投资的企业，在办理了固定资产移交手续之后，应按投资合同或协议约定的价值加上应支付的相关税费作为固定资产的入账价值，但合同或协议约定价值不公允的除外，按投资合同或协议约定的价值，借记"固定资产"科目，贷记"实收资本"（或"股本"）等科目。

  【例2-5】华明企业接受三木公司设备一套作为投资，投资合同约定的价值为300 000元。华明企业应作如下会计分录：

  借：固定资产——生产经营用固定资产   300 000
    贷：实收资本——三木公司   300 000

第二节　自行建造固定资产

自行建造的固定资产，其成本由建造该项资产达到预定可使用状态前所发生的必要支出构成，包括工程用物资成本、人工成本、交纳的相关税费、应予资本化的借款费用以及应分摊的间接费用等。企业为建造固定资产通过出让方式取得土地使用权而支付的土地出让金不计入在建工程成本，应确认为无形资产（土地使用权）。企业自行建造固定资产包括自营建造和出包建造两种方式。无论采用何种方式，所建工程都应当按照实际发生的支出确定其工程成本并单独核算。

一、自营方式建造固定资产

企业以自营方式建造固定资产，是指企业自行组织工程物资采购、自行组织施工人员从事工程施工完成固定资产建造，其成本应当按照实际发生的材料、人工、机械施工费等计量。

企业为建造固定资产准备的各种物资，应当按照实际支付的买价、运输费、保险费等相关税费作为实际成本，并按照各种专项物资的种类进行明细核算。工程完工后，剩余的工程物资转为本企业存货的，按其实际成本或计划成本进行结转。建设期间发生的工程物资盘亏、报废及毁损，减去残料价值以及保险公司、过失人等赔款后的净损失，计入所建工程项目的成本；盘盈的工程物资或处置净收益，冲减所建工程项目的成本。工程完工后发生的工程物资盘盈、盘亏、报废、毁损，计入当期损益。

建造固定资产领用工程物资、原材料或库存商品，应按其实际成本转入所建工程成本。自营方式建造固定资产应负担的职工薪酬、辅助生产部门为之提供的水、电、运输等劳务，以及其他必要支出等也应计入所建工程项目的成本。符合资本化条件，应计入所建造固定资产成本的借款费用按照《企业会计准则第17号——借款费用》的有关规定处理。

所建造的固定资产已达到预定可使用状态,但尚未办理竣工结算的,应当自达到预定可使用状态之日起,根据工程预算、造价或者工程实际成本等,按暂估价值转入固定资产,并按有关计提固定资产折旧的规定,计提固定资产折旧。待办理竣工结算手续后再调整原来的暂估价值,但不需要调整已计提的折旧额。

企业自营工程主要通过"工程物资"和"在建工程"科目核算。

"工程物资"科目核算用于基建工程、更改工程和大修理工程准备的各种物资的实际成本,包括为工程准备的材料、尚未交付安装的需要安装设备的实际成本,以及预付大型设备款和基本建设期间根据项目概算购入为生产准备的工具及器具等的实际成本。借方登记增加的工程物资的实际成本,贷方登记减少(包括工程领用、转作生产用料、对外出售、盘亏毁损等)的工程物资的实际成本,余额在借方,反映企业为工程购入但尚未领用的专用材料的实际成本、购入需要安装设备的实际成本,以及为生产准备但尚未交付的工具及器具的实际成本等。该科目应当按专用材料、专用设备、预付大型设备款、为生产准备的工具及器具设置明细科目。

"在建工程"科目核算企业为基建工程、安装工程、技术改造工程、大修理工程所发生的实际支出,以及改扩建工程等转入的固定资产净值。借方登记工程的各项支出,贷方登记工程完工转作固定资产的成本,余额在借方,反映企业尚未完工的基建工程发生的各项实际支出。该科目应按建筑工程、安装工程、在安装设备、技术改造工程、大修理工程、其他支出设置明细科目。

1. 工程物资的核算

(1)企业购入为工程准备的物资,应按实际成本和专用发票上注明的增值税额,分别借记"工程物资"(专用材料、专用设备)和"应交税费——应交增值税(进项税额)",贷记"银行存款""应付账款""应付票据"等科目。

(2)企业为购置大型设备而预付款时,借记"工程物资"(预付大型设备款),贷记"银行存款"科目;收到设备并补付设备价款时,按设备的实际成本,借记"工程物资"(专用设备),按预付的价款,贷记"工程物资"(预付大型设备款),按补付的价款,贷记"银行存款"等科目。

(3)工程领用工程物资,借记"在建工程"科目,贷记"工程物资"(专用材料等）；工程完工后对领出的剩余工程物资应当办理退库手续，并作相反的会计分录。

（4）工程完工，将为生产准备的工具及器具交付生产使用时，应按实际成本，借记"低值易耗品"科目，贷记"工程物资"（为生产准备的工具及器具）科目。

（5）工程完工后剩余的工程物资，如转作本企业存货的，按原材料的实际成本或计划成本，借记"原材料"科目，按转入存货的剩余工程物资的账面余额，贷记"工程物资"科目；如工程完工后剩余的工程物资对外出售的，应确认收入并结转相应的成本。

（6）盘盈、盘亏、报废、毁损的工程物资，减去保险公司、过失人赔偿部分，工程项目尚未完工的，计入或冲减所建工程项目的成本；工程已经完工的，计入营业外收支。

2. 在建工程的核算

（1）领用工程用材料物资时，应按实际成本，借记"在建工程"（建筑工程、安装工程等——××工程）科目，贷记"工程物资"科目。

（2）基建工程领用本企业外购生产经营用原材料的，应按原材料的实际成本加上不能抵扣的增值税进项税额，借记"在建工程"（建筑工程、安装工程等——××工程）科目，按原材料的实际成本或计划成本，贷记"原材料"科目，采用计划成本进行材料日常核算的企业，还应当分摊材料成本差异。

（3）基建工程领用本企业的商品产品以及委托加工收回的材料物资时，按商品产品的实际成本（或进价）或计划成本（或售价）加上应交的相关税费，借记"在建工程"（建筑工程、安装工程——××工程）科目，按应交的相关税费，贷记"应交税费——应交增值税（销项税额）"等科目，按库存商品的实际成本（或进价）或计划成本（或售价），贷记"库存商品"科目。库存商品采用计划成本或售价的企业，还应当分摊成本差异或商品进销差价。

（4）基建工程应负担的职工工资，借记"在建工程"（建筑工程、安装工程——××工程）科目，贷记"应付职工薪酬"科目。

（5）企业的辅助生产部门为工程提供的水、电、设备安装、修理、运输等劳务，应按月根据实际成本，借记"在建工程"（建筑工程、安装工程等——××工程)科目,贷记"生产成本——辅助生产成本"等科目。

(6)基建工程发生的工程管理费、征地费、可行性研究费、临时设施费、公证费、监理费等,借记"在建工程"(其他支出)科目,贷记"银行存款"等科目;基建工程应负担的税金,借记"在建工程"(其他支出)科目,贷记"银行存款"等科目。

(7)由于自然灾害等原因造成的单项工程或单位工程报废或毁损,减去残料价值和过失人或保险公司等赔款后的净损失,报经批准后计入继续施工的工程成本,借记"在建工程"(其他支出)科目,贷记本科目(建筑工程、安装工程——××工程);如为非正常原因造成的报废或毁损,或在建工程项目全部报废或毁损,应将其净损失直接计入当期营业外支出。

(8)工程物资在建设期间发生的盘亏、报废及毁损,其处置损失,报经批准后,借记"在建工程"科目,贷记"工程物资"科目;盘盈的工程物资或处置收益,作相反的会计分录。

(9)基建工程达到预定可使用状态前进行负荷联合试车发生的费用,借记"在建工程"(其他支出)科目,贷记"银行存款""库存商品"等科目;获得的试车收入或按预计售价将能对外销售的产品转为库存商品的,作相反会计分录。

(10)基建工程完工后应当进行清理,已领出的剩余材料应当办理退库手续,借记"工程物资"科目,贷记"在建工程"科目。

基建工程完工交付使用时,企业应当计算各项交付使用固定资产的成本,编制交付使用固定资产明细表。

企业应当设置"在建工程其他支出备查簿",专门登记基建项目发生的构成项目概算内容,但不通过"在建工程"科目核算的其他支出,包括按照建设项目概算内容购置的不需要安装设备、现成房屋、无形资产以及发生的递延费用等。企业在发生上述支出时,应当通过"固定资产""无形资产"和"长期待摊费用"科目核算。但同时应在"在建工程其他支出备查簿"中登记。

【例2-6】A企业自行建造仓库一座,购入为工程准备的各种物资20 000元,支付的增值税额为2 600元,实际领用工程物资(不含增值税)

18 000元，剩余物资转作企业存货；另外还领用了企业生产用的原材料一批，实际成本为3 000元；支付工程人员工资5 000元，企业辅助生产车间为工程提供有关劳务支出1 000元，工程完工交付使用。有关会计处理如下：

（1）购入为工程准备的物资。

  借：工程物资   20 000

    应交税费——应交增值税（进项税额） 2 600

   贷：银行存款   22 600

（2）工程领用物资。

  借：在建工程——仓库   18 000

   贷：工程物资   18 000

（3）工程领用原材料。

  借：在建工程——仓库   3 000

   贷：原材料   3 000

（4）支付工程人员工资。

  借：在建工程——仓库   5 000

   贷：应付职工薪酬   5 000

（5）辅助生产车间为工程提供的劳务支出。

  借：在建工程——仓库   1 000

   贷：生产成本——辅助生产成本   1 000

（6）工程完工交付使用。

  借：固定资产   27 000

   贷：在建工程——仓库   27 000

（7）剩余工程物资转作企业存货。

  借：原材料   2 000

   贷：工程物资   2 000

二、出包方式建造固定资产

采用出包方式建造固定资产，企业通过招标方式将工程项目发包给建造承包商，由建造承包商（即施工企业）组织工程项目施工。企业要与建造承包商签订建造合同，企业是建造合同的甲方，负责筹集资金和组织管理工程建设，通常称为建设单位，建造承包商是建造合同的乙方，负责建筑安装工程施工任务。企业的新建、改建、扩建等建设项目，通常均采用出包方式。

企业以出包方式建造固定资产，其成本由建造该项固定资产达到预定可使用状态前所发生的必要支出构成，包括发生的建筑工程支出、安装工程支出以及需分摊计入各固定资产价值的待摊支出。建筑工程、安装工程支出，如人工费、材料费、机械使用费等由建造承包商核算。对于发包企业而言，建筑工程支出、安装工程支出是构成在建工程成本的重要内容，发包企业按照合同规定的结算方式和工程进度定期与建造承包商办理工程价款结算，结算的工程价款计入在建工程成本。待摊支出，是指在建设期间发生的，不能直接计入某项固定资产价值，而应由所建造固定资产共同负担的相关费用，包括为建造工程发生的管理费、可行性研究费、临时设施费、公证费、监理费、应负担的税金、符合资本化条件的借款费用、建设期间发生的工程物资盘亏、报废及毁损净损失以及负荷联合试车费等。企业为建造固定资产通过出让方式取得土地使用权而支付的土地出让金不计入在建工程成本，应确认为无形资产（土地使用权）。

在出包方式下，"在建工程"科目主要是企业与建造承包商办理工程价款的结算科目，企业支付给建造承包商的工程价款，作为工程成本通过"在建工程"科目核算。企业应按合理估计的工程进度和合同规定结算的进度款，借记"在建工程——建筑工程——××工程""在建工程——安装工程——××工程"科目，贷记"银行存款""预付账款"等科目。工程完成时，按合同规定补付的工程款，借记"在建工程"科目，贷记"银行存款"等科目。企业将需安装设备运抵现场安装时，借记"在建工程——在安装设备——××设备"科目，贷记"工程物资——××设备"科目；企业为建造固定资产发生的待摊支出，借记"在建工程——待摊支出"科目，贷记"银行存款""应付职工薪酬""长期借款"等科目。

在建工程达到预定可使用状态时，首先计算分配待摊支出，待摊支出的分配率可按下列公式计算：

$$待摊支出分配率 = \frac{累计发生的待摊支出}{建筑工程支出 + 安装工程支出 + 在安装设备支出} \times 100\%$$

$$××\text{工程应分}\atop\text{配的待摊支出} = \left({××\text{工程的}\atop\text{建筑工程支出}} + {××\text{工程的}\atop\text{安装工程支出}} + {××\text{工程的在}\atop\text{安装设备支出}}\right) × {\text{待摊支出}\atop\text{分配率}}$$

其次，计算确定已完工的固定资产成本：

房屋、建筑物等固定资产成本=建筑工程支出+应分摊的待摊支出

需要安装设备的成本=设备成本+为设备安装发生的基础、支座等建筑工程支出+安装工程支出+应分摊的待摊支出

然后，进行相应的账务处理，借记"固定资产"科目，贷记"在建工程——建筑工程""在建工程——安装工程""在建工程——待摊支出"等科目。

【例2-7】华明公司经批准新建一个火电厂，包括建造发电车间、冷却塔、安装发电设备3个单项工程。2×20年2月1日，华明公司与宏业公司签订合同，将火电厂新建工程出包给宏业公司。双方约定，建造发电车间的价款为5 000 000元，建造冷却塔的价款为2 800 000元，安装发电设备的安装费用为450 000元。其他有关资料如下：

（1）2×20年2月1日，华明公司向宏业公司预付建造发电车间的工程价款3 000 000元。

（2）2×20年5月8日，购入发电设备，发电设备不含税价款为3 800 000元。

（3）2×20年7月2日，华明公司向宏业公司预付建造冷却塔的工程价款1 400 000元。

（4）2×20年7月22日，华明公司将发电设备运抵现场，交付宏业公司安装。

（5）工程项目发生管理费、可行性研究费、公证费、监理费共计116 000元，款项已经支付。

（6）工程建造期间，由于台风造成冷却塔工程部分毁损，经核算，损失为450 000元，保险公司已承诺支付300 000元。

（7）2×20年12月20日，所有工程完工，华明公司收宏业公司的有关工程结算单据后，补付剩余工程款。

华明公司的账务处理如下：

（1）2×20年2月1日，预付建造发电车间工程款。

借：预付账款——建筑工程（发电车间） 3 000 000
　　贷：银行存款 3 000 000

（2）2×20年5月8日，购入发电设备。

借：工程物资——发电设备 3 800 000
　　应交税费——应交增值税（进项税额）
　　　　　　　　（3 800 000×13%） 494 000
　　贷：银行存款 4 294 000

（3）2×20年7月2日，预付建造冷却塔工程款。

借：预付账款——建筑工程（冷却塔） 1 400 000
　　贷：银行存款 1 400 000

（4）2×20年7月22日，将发电设备交宏业公司安装。

借：在建工程——在安装设备（发电设备） 3 800 000
　　贷：工程物资——发电设备 3 800 000

（5）支付工程发生的管理费、可行性研究费、公证费、监理费。

借：在建工程——待摊支出 116 000
　　贷：银行存款 116 000

（6）台风造成冷却塔工程部分毁损。

借：营业外支出 150 000
　　其他应收款 300 000
　　贷：在建工程——建筑工程（冷却塔） 450 000

（7）2×20年12月20日，结算工程款并补付剩余工程款。

借：在建工程——建筑工程（发电车间） 5 000 000
　　　　　　——建筑工程（冷却塔） 2 800 000
　　　　　　——安装工程（发电车间） 450 000
　　贷：银行存款 3 850 000
　　　　预付账款——建筑工程（发电车间） 3 000 000
　　　　　　　　——建筑工程（冷却塔） 1 400 000

（8）分摊待摊支出。

待摊支出分配率=116 000÷（5 000 000+2 800 000−450 000+3 800 000+450 000）×100%=1%

发电车间应分配的待摊支出 =5 000 000×1%=50 000（元）

冷却塔应分配的待摊支出 =（2 800 000−450 000）×1%=23 500（元）

发电设备（安装工程）应分配的待摊支出 =450 000×1%=4 500（元）

发电设备（在安装设备）应分配的待摊支出 =3 800 000×1%=38 000（元）

借：在建工程——建筑工程（发电车间）　　　　50 000
　　　　　　——建筑工程（冷却塔）　　　　　23 500
　　　　　　——安装工程（发电设备）　　　　4 500
　　　　　　——在安装设备（发电设备）　　　38 000
　贷：在建工程——待摊支出　　　　　　　　　116 000

（9）结转固定资产。

借：固定资产——发电车间　　　　　　　　　　5 050 000
　　　　　　——冷却塔　　　　　　　　　　　2 373 500
　　　　　　——发电设备　　　　　　　　　　4 292 500
　贷：在建工程——建筑工程（发电车间）　　　5 050 000
　　　　　　　——建筑工程（冷却塔）　　　　2 373 500
　　　　　　　——安装工程（发电设备）　　　454 500
　　　　　　　——在安装设备（发电设备）　　3 838 000

第三节　租入固定资产

一、租赁的分类

租赁有两种形式：一种是经营租赁；另一种是融资租赁。融资租赁是指实质上转移了与资产所有权有关的全部风险和报酬的租赁。其所有权最终可能转移，也可能不转移。

承租人应当在租赁开始日将租赁分为融资租赁和经营租赁。企业对租赁进行分类时，应当全面考虑租赁期届满时租赁资产所有权是否转移给承租人、承租人是否有购买租赁资产的选择权、租赁期占租赁资产使用寿命的比例等各种因素。满足下列标准之一的，应认定为融资租赁。

（1）在租赁期届满时，资产的所有权转移给承租人。即如果在租赁协议中已经约定，或者根据其他条件在租赁开始日就可以合理地判断，租赁期届满时出租人会将资产的所有权转移给承担人，那么该项租赁应当认定为融资租赁。

（2）承租人有购买租赁资产的选择权，所订立的购价预计远低于行使选择权时租赁资产的公允价值，因而在租赁开始日就可合理地确定承租人将会行使这种选择权。

例如，出租人和承租人签订了一项租赁协议，租赁期限为3年，租赁期届满时承租人有权以1 000元的价格购买租赁资产，在签订租赁协议时估计该租赁资产租赁期届满时的公允价值为4 000元，由于购买价格仅为公允价值的25%（远低于公允价值4 000元），如果没有特别的情况，承租人在租赁期届满时将会购买该项资产。在这种情况下，在租赁开始日即可判断该项租赁应当认定为融资租赁。

（3）即使资产的所有权不转移，但租赁期占租赁资产使用寿命的大部分。这里的"大部分"掌握在租赁期占租赁开始日租赁资产使用寿命的75%以上（含75%，下同）。

需要注意的是，这条标准强调的是租赁期占租赁资产使用寿命的比例，而非租赁期占该项资产全部使用年限的比例。如果租赁资产是旧资产，在租赁前已使用年限超过资产自全新进起算可使用年限的75%以上时，则这条判断标准不适用，不能使用这条标准确定租赁的分类。

例如，某项租赁设备全新时可使用年限为10年，已经使用了3年，从第4年开始租出，租赁期为6年，由于租赁开始时该设备使用寿命为7年，租赁期占使用寿命的85.7%（6年/7年），符合第3条标准，因此，该项租赁应当归类为融资租赁；如果从第4年开始，租赁期为3年，租赁期占使用寿命的42.9%，就不符合第3条标准，因此，该项租赁不应认定为融资租赁

（假定也不符合其他判断标准）。假如该项设备已经使用了8年，从第9年开始租赁，租赁期为2年，此时，该设备使用寿命为2年，虽然租赁期为使用寿命的100%（2年/2年），但由于在租赁前设备的已使用年限超过了可使用年限（10年）的75%（8年/10年=80%＞75%），因此，也不能采用这条标准来判断租赁的分类。

（4）承租人在租赁开始日最低租赁付款额的现值几乎相当于租赁开始日租赁资产的公允价值；出租人在租赁开始日最低租赁收款额的现值几乎相当于租赁开始日租赁资产的公允价值。这里的"几乎相当于"，通常掌握在90%（含90%）以上。需要说明的是，这里的量化标准只是指导性标准，企业在具体运用时，必须以准则规定的相关条件进行判断。

（5）租赁资产性质特殊，如果不作较大修整，只有承租人才能使用。这条标准是指租赁资产是出租人根据承租人对资产型号、规格等方面的特殊要求专门购买或建造的，具有专购、专用性质。这些租赁资产如果不作较大的重新改制，其他企业通常难以使用。这种情况下，该项租赁也应当认定为融资租赁。

二、经营租赁使用固定资产

在经营租赁下，与租赁资产所有权有关的风险和报酬并没有实质上转移给承租人，承租人不承担租赁资产的主要风险，承租人对经营租赁的会计处理比较简单，承租人不须将所取得的租入资产的使用权资本化，相应地也不必将所承担的付款义务列作负债。其主要问题是解决应支付的租金与计入当期费用的关系。承租人在经营租赁下发生的租金应当在租赁期内的各个期间按直线法确认为费用；如果其他方法更合理，也可以采用其他方法。其会计处理为：确认各期租金费用时，借记"长期待摊费用"等科目，贷记"其他应付款"等科目。实际支付租金时，借记"其他应付款"等科目、贷记"银行存款""库存现金"等科目。

某些情况下，出租人可能对经营租赁提供激励措施，如免租期、承担承租人某些费用等。在出租人提供了免租期的情况下，应将租金总额在整个租赁期内，而不是在租赁期扣除免租期后的期间内按直线法或其他合理的方法进行分摊,免租期内应确认租金费用;在出租人承担了承租人的某些费用的情况下,应将该费用从租金总额中扣除,并将租金余额在租赁期内进行分摊。

此外,为了保证租赁资产的安全和有效使用,承租人应设置"经营租赁资产"备查簿作备查登记,以反映和监督租赁资产的使用、归还和结存情况。

对于承租人在经营租赁中发生的初始直接费用,应当计入当期损益。其账务处理为:借记"管理费用"等科目,贷记"银行存款"等科目。

在经营租赁下,承租人对或有租金的处理与融资租赁不相同,即在实际发生时计入当期损益。其账务处理为:借记"财务费用"等科目,贷记"银行存款"等科目。

【例2-8】2×20年1月1日,华明公司向宏业公司租入办公设备一台,租期为3年。设备价值为1 000 000元,预计使用年限为10年。租赁合同规定,租赁开始日(2×20年1月1日)华明公司向宏业公司一次性预付租金150 000元,第1年年末支付租金150 000元,第2年年末支付租金200 000元,第3年年末支付租金250 000元。租赁期届满后宏业公司收回设备,3年的租金总额为750 000元(假定华明公司和宏业公司均在年末确认租金费用和租金收入,并且不存在租金逾期支付的情况)。

分析:此项租赁没有满足融资租赁的任何一条标准,应作为经营租赁处理。确认租金费用时,不能依据各期实际支付的租金的金额确定,而应采用直线法分摊确认各期的租金费用。此项租赁租金费用总额为750 000元,按直线法计算,每年应分摊的租金费用为250 000元。账务处理如下:

(1)2×20年1月1日。

借:长期待摊费用　　　　　　　　　　　　　　　　150 000
　　贷:银行存款　　　　　　　　　　　　　　　　　　150 000

(2)2×20年12月31日。

借:管理费用　　　　　　　　　　　　　　　　　　250 000
　　贷:长期待摊费用　　　　　　　　　　　　　　　100 000
　　　　银行存款　　　　　　　　　　　　　　　　　150 000

（3）2×21年12月31日。

借：管理费用　　　　　　　　　　　　　　　　250 000
　　贷：长期待摊费用　　　　　　　　　　　　　　50 000
　　　　银行存款　　　　　　　　　　　　　　　200 000

（4）2×22年12月31日。

借：管理费用　　　　　　　　　　　　　　　　250 000
　　贷：银行存款　　　　　　　　　　　　　　　250 000

三、融资租赁获得固定资产

（一）租赁期开始日的会计处理

在租赁期开始日，承租人应当将租赁开始日租赁资产公允价值与最低租赁付款额现值两者中较低者作为租入资产的入账价值，将最低租赁付款额作为长期应付款的入账价值，其差额作为未确认融资费用。

承租人在计算最低租赁付款额的现值时，如果知悉出租人的租赁内含利率，应当采用出租人的租赁内含利率作为折现率；否则，应当采用租赁协议规定的利率作为折现率。如果出租人的租赁内含利率和租赁协议规定的利率均无法知悉，应当采用同期银行贷款利率作为折现率。其中，租赁内含利率，是指在租赁开始日，使最低租赁收款额的现值与未担保余值的现值之和等于租赁资产公允价值与出租人的初始直接费用之和的折现率。

（二）未确认融资费用的分摊

在融资租赁下，承租人向出租人支付的租金中，包含了本金和利息两部分。承租人支付租金时，一方面应减少长期应付款，另一方面应同时将未确认融资费用按一定的方法确认为当期融资费用。在先付租金（即每期期初等额支付租金）的情况下，租赁期第一期支付的租金不含利息，只需减少长期应付款，不必确认当期融资费用。

在分摊未确认的融资费用时，按照租赁准则的规定，承租人应当采用实际利率法。在采用实际利率法的情况下，根据租赁开始日租赁资产和负债的入账价值基础不同，融资费用分摊率的选择也不同。未确认融资费用的分摊率的确定具体分为下列四种情况：

（1）以出租人的租赁内含利率为折现率将最低租赁付款额折现，且以该现值作为租赁资产入账价值的，应当将租赁内含利率作为未确认融资费用的分摊率。

（2）以合同规定利率为折现率将最低租赁付款额折现，且以该现值作为租赁资产入账价值的，应当将合同规定利率作为未确认融资费用的分摊率。

（3）以银行同期贷款利率为折现率将最低租赁付款额折现，且以该现值作为租赁资产入账价值的，应当将银行同期贷款利率作为未确认融资费用的分摊率。

（4）以租赁资产公允价值为入账价值的，应当重新计算分摊率。该分摊率是使最低租赁付款额的现值等于租赁资产公允价值的折现率。

存在优惠购买选择权时，在租赁期届满时，未确认融资费用应全部摊销完毕，租赁负债应当减少为优惠购买金额。在承租人或与其有关的第三方对租赁资产提供了担保或由于在租赁期届满时没有续租而支付违约金的情况下，在租赁期届满时，未确认融资费用应当全部摊销完毕，租赁负债还应减少至担保余值。

（三）租赁资产折旧的计提

承租人应对融资租入的固定资产计提折旧，主要涉及两个问题：一是折旧政策，二是折旧期间。

（1）折旧政策。对于融资租入资产，计提租赁资产折旧时，承租人应采用与自有应折旧资产相一致的折旧政策。同自有应折旧资产一样，租赁资产的折旧方法一般有年限平均法、工作量法、双倍余额递减法、年数总和法等。如果承租人或与其有关的第三方对租赁资产余值提供了担保，则应计折旧总额为租赁开始日固定资产的入账价值扣除担保余值后的余额；如果承租人或与其有关的第三方未对租赁资产余值提供担保，则应计折旧总额为租赁开始日固定资产的入账价值。

（2）折旧期间。确定租赁资产的折旧期间时，应视租赁合同而定。如果能够合理确定租赁期届满时承租人将会取得租赁资产所有权，即可认为承租人拥有该项资产的全部使用寿命，因此应以租赁开始日租赁资产的寿命作为折旧期间；如果无法合理确定租赁期届满后承租人是否能够取得租赁资产的所有权，则应以租赁期与租赁资产寿命两者中较短者作为折旧期间。

（四）履约成本的会计处理

履约成本是指租赁期内为租赁资产支付的各种使用费用，如技术咨询和服务费、人员培训费、维修费、保险费等。承租人发生的履约成本通常应计入当期损益。

（五）租赁期届满时的会计处理

租赁期届满时，承租人对租赁资产的处理通常有三种情况：返还、优惠续租和留购。

（1）返还租赁资产。租赁期届满，承租人向出租人返还租赁资产时，通常借记"长期应付款——应付融资租赁款""累计折旧"科目，贷记"固定资产——融资租入固定资产"科目。

（2）优惠续租租赁资产。如果承租人行使优惠续租选择权，则应视同该项租赁一直存在而作出相应的账务处理。

如果租赁期届满时没有续租，根据租赁协议规定须向出租人支付违约金时，借记"营业外支出"科目，贷记"银行存款"等科目。

（3）留购租赁资产。在承租人享有优惠购买选择权的情况下，支付购买价款时，借记"长期应付款——应付融资租赁款"科目，贷记"银行存款"等科目；同时，将固定资产从"融资租入固定资产"明细科目转入有关明细科目。

【例2-9】2×19年12月25日，华明公司与宏业公司签订了一份租赁合同。合同主要条款如下：

（1）租赁标的物：程控生产线。

（2）租赁期开始日：租赁物运抵华明公司生产车间之日（即2×20年1月1日）。

（3）租赁期：从租赁期开始日算起36个月（即2×20年1月1日～2×22年12月31日）。

（4）租金支付方式：自租赁期开始日起每年年末支付租金1 000 000元。

（5）该生产线在2×20年1月1日宏业公司的公允价值为2 600 000元。

（6）租赁合同规定的利率为8%（年利率）。

（7）该生产线为全新设备，估计使用年限为5年。

华明公司：

（1）采用实际利率法确认本期应分摊的未确认融资费用。

（2）采用年限平均法计提固定资产折旧。

（3）华明公司在租赁谈判和签订租赁合同过程中发生可归属于租赁项目的手续费、差旅费10 000元。

华明公司的账务处理如下：

（1）租赁开始日的账务处理。

①判断租赁类型。

本例中租赁期（3年）占租赁资产尚可使用年限（5年）的60%（小于75%），没有满足融资租赁的第3条标准；另外，最低租赁付款额的现值为2 577 100元（计算过程见后）大于租赁资产公允价值的90%，即（2 600 000×90%）2 340 000元，满足融资租赁的第4条标准，因此，华明公司应当将该项租赁认定为融资租赁。

②计算租赁开始日最低租赁付款额的现值，确定租赁资产的入账价值。

本例中华明公司不知道出租人的租赁内含利率，因此应选择租赁合同规定的利率8%作为最低租赁付款额的折现率。

最低租赁付款额=各期租金之和+承租人担保的资产余值=1 000 000×3+0=3 000 000（元）

计算现值的过程如下：

每期租金1 000 000元的年金现值=1 000 000×$(P/A,8\%,3)$，查表可知：$(P/A,8\%,3)$=2.5771

每期租金的现值之和=1 000 000×2.5771=2 577 100（元），小于租赁资产公允价值2 600 000元。

根据孰低原则，租赁资产的入账价值应为其折现值2 577 100元。

③计算未确认融资费用。

未确认融资费用 = 最低租赁付款额 - 最低租赁付款额现值 = 3 000 000 - 2 577 100 = 422 900（元）

④将初始直接费用计入资产价值。

租赁资产的入账价值 = 2 577 100 + 10 000 = 2 587 100（元）

会计分录为：

2×20年1月1日，租入程控生产线：

借：固定资产——融资租入固定资产　　　　2 587 100
　　未确认融资费用　　　　　　　　　　　　422 900
　　贷：长期应付款——应付融资租赁款　　　3 000 000
　　　　银行存款　　　　　　　　　　　　　10 000

（2）分摊未确认融资费用的会计处理。

①确定融资费用分摊率。

由于租赁资产的入账价值为其最低租赁付款额的折现值，因此该折现率就是其融资费用分摊率，即8%。

②在租赁期内采用实际利率法分摊未确认融资费用（见表2-2）。

表2-2　未确认融资费用分摊表（实际利率法）

2×20年12月31日　　　　　　　　　　　　　　　　　　　　　单位：元

日期①	租金②	确认的融资费用③=期初⑤×8%	应付本金减少额④=②-③	应付本金余额期末⑤=期初⑤-④
（1）2×20年1月1日				2 577 100
（2）2×20年12月31日	1 000 000	206 168	793 832	1 783 268
（3）2×21年12月31日	1 000 000	142 661.44	857 338.56	925 929.44
（4）2×22年12月31日	1 000 000	74 070.56*	925 929.44*	0
合计	3 000 000	422 900	2 577 100	

＊作尾数调整：74 070.56 = 1 000 000 - 925 929.44
925 929.44 = 925 929.44 - 0

③账务处理。

2×20年12月31日,支付第1期租金:

借:长期应付款——应付融资租赁款　　　　　　　　1 000 000
　贷:银行存款　　　　　　　　　　　　　　　　　　　1 000 000

2×20年1~12月,每月分摊未确认融资费用时,每月财务费用为206 168÷12=17 180.67(元)。

借:财务费用　　　　　　　　　　　　　　　　　　　17 180.67
　贷:未确认融资费用　　　　　　　　　　　　　　　　17 180.67

2×21年12月31日,支付第2期租金:

借:长期应付款——应付融资租赁款　　　　　　　　1 000 000
　贷:银行存款　　　　　　　　　　　　　　　　　　　1 000 000

2×21年1~12月,每月分摊未确认融资费用时,每月财务费用为142 661.44÷12=11 888.45(元)。

借:财务费用　　　　　　　　　　　　　　　　　　　11 888.45
　贷:未确认融资费用　　　　　　　　　　　　　　　　11 888.45

2×22年12月31日,支付第3期租金:

借:长期应付款——应付融资租赁款　　　　　　　　1 000 000
　贷:银行存款　　　　　　　　　　　　　　　　　　　1 000 000

2×22年1~12月,每月分摊未确认融资费用时,每月财务费用为74 070.56÷12=6 172.55(元)。

借:财务费用　　　　　　　　　　　　　　　　　　　6 172.55
　贷:未确认融资费用　　　　　　　　　　　　　　　　6 172.55

(3)计提租赁资产折旧的会计处理。

①融资租入固定资产折旧的计算(表2-3)。

②账务处理。

2×20年2月28日,计提本月折旧=812 866.82÷11=73 896.98(元)

借:制造费用——折旧费　　　　　　　　　　　　　　73 896.98
　贷:累计折旧　　　　　　　　　　　　　　　　　　　73 896.98

2×20年3月~2×22年12月的会计分录同上。

表2-3 融资租入固定资产折旧计算表（年限平均法）

2×20年1月1日   金额单位：元

日期	固定资产原价	估计余值	折旧率*	当年折旧费	累计折旧	固定资产净值
（1）2×20年1月1日	2 587 100	0				2 587 100
（2）2×20年12月31日			31.42%	812 866.82	812 866.82	1 774 233.18
（3）2×21年12月31日			34.29%	887 116.59	1 699 983.41	887 116.59
（4）2×22年12月31日			34.29%	887 116.59	2 587 100	0
合计	2 587 100	0	100%	2 587 100		

*根据合同规定，由于华明公司无法合理确定在租赁期届满时能够取得租赁资产的所有权，因此，应当在租赁期与租赁资产尚可使用年限两者中的较短的期间内计提折旧。本例中，租赁期为3年，短于租赁资产尚可使用年限5年，因此应按3年计提折旧。同时，根据"当月增加的固定资产，当月不提折旧，从下月起计提折旧"这一规定，本租赁合同应按35个月计提折旧，即2×20年应按11个月计提折旧，其他两年分别按12个月计提折旧。

（4）租赁期届满时的会计处理。

2×20年12月31日，将该生产线退还B公司：

借：累计折旧   2 587 100

贷：固定资产——融资租入固定资产   2 587 100

第四节　售后租回交易的固定资产

一、售后租回交易的定义

售后租回交易是一种特殊形式的租赁业务，是指卖主（即承租人）将一项自制或外购的资产出售后，又将该项资产从买主（即出租人）处租回，习惯上称之为"回租"。通过售后租回交易，资产的原所有者（即承租人）在保留对资产的占有权、使用权和控制权的前提下，将固定资本转化为货币资本，在出售时可取得全部价款的现金，而租金则是分期支付的，从而获得了所需的资金；而资产的新所有者（即出租人）通过售后租回交易，找到了一个风险小、回报有保障的投资机会。20世纪90年代以来，售后租回交易在我国也得到了充分的发展，大部分租赁公司尤其是中外合资租赁公司的租赁业务以售后租回交易为主。

由于在售后租回交易中资产的售价和租金是相互关联的，是以一揽子方式谈判，一并计算的，因此，资产的出售和租回应视为一项交易。

二、售后租回交易的会计处理

对于售后租回交易，无论是承租人还是出租人，均应按照租赁的分类标准，将售后租回交易认定为融资租赁或经营租赁。对于出租人来讲，售后租回交易（无论是融资租赁还是经营租赁的售后租回交易）同其他租赁业务的会计处理没有什么区别。而对于承租人来讲，由于其既是资产的承租人同时又是资产的出售者，因此，售后租回交易同其他租赁业务的会计处理有所不同。

售后租回交易的会计处理应根据其所形成的租赁类型而定，可按融资租赁和经营租赁分别进行会计处理。

（一）售后租回交易形成融资租赁

如果售后租回交易被认定为融资租赁，那么，这种交易实质上转移了买主（即出租人）所保留的与该项租赁资产的所有权有关的全部风险和报酬，是出租人提供资金给承租人并以该项资产作为担保，因此，售价与资产账面价值之间的差额（无论是售价高于资产账面价值，还是低于资产账面价值）在会计上均未实现，其实质是，售价高于资产账面价值，实际上在出售时高估了资产的价值，而售价低于资产账面价值，实际上在出售时低估了资产的价值，卖主（即承租人）应将售价与资产账面价值的差额（无论是售价高于资产账面价值还是售价低于资产账面价值）予以递延，并按该项租赁资产的折旧进度进行分摊，作为折旧费用的调整。按折旧进度分摊是指在对该项租赁资产计提折旧时，按与该项资产计提折旧所采用的折旧率相同的比例分摊未实现售后租回损益。

（二）售后租回交易形成经营租赁

售后租回交易认定为经营租赁的，应当分情况处理：有确凿证据表明售后租回交易是按照公允价值达成的，售价与资产账面价值的差额应当记入当期损益。如果售后租回交易不是按照公允价值达成的，有关损益应于当期确认；但若该损失将由低于市价的未来租赁付款额补偿，应将其递延，并按与确认租金费用相一致的方法分摊于预计的资产使用期限内；售价高于公允价值的，其高出公允价值的部分应予递延，并在预计的使用期限内摊销。

（三）售后租回交易的会计处理

（1）出售资产时，按固定资产账面净值，借记"固定资产清理"科目，按固定资产已提折旧，借记"累计折旧"科目，按固定资产的账面原价，贷记"固定资产"科目；如果出售资产已计提减值准备，还应结转已计提的减值准备。

（2）收到出售资产的价款时，借记"银行存款"科目，贷记"固定资产清理"科目，借记或贷记"递延收益——未实现售后租回损益（融资租赁或经营租赁）"科目或"营业外收入""营业外支出"科目。

（3）租回资产时，如果形成一项融资租赁，按租赁资产的公允价值与最低租赁付款额的现值中较低者，借记"融资租赁资产"科目（假设不需安装），按最低租赁付款额，贷记"长期应付款——应付融资租赁款"科目，按其差额，借记"未确认融资费用"科目。如果形成一项经营租赁，则作备查登记。

（4）各期根据该项租赁资产的折旧进度或租金支付比例分摊未实现售后租回损益时，借记或贷记"递延收益——未实现售后租回损益（融资租赁或经营租赁）"科目，贷记或借记"制造费用""销售费用""管理费用"等科目。

（四）处理实务

1. 第一种情况：售后租回交易形成融资租赁，售价高于资产账面价值

【例2-10】沿用【例2-9】，假定2×20年1月1日，华明公司将一条程控生产线按2 600 000元的价格销售给宏业公司。该生产线2×20年1月1日的账面原值为2 400 000元，全新设备未计提折旧。同时又签订了一份租赁合同将该生产线租回，该合同主要条款与【例2-9】的合同条款内容相同，假定不考虑相关税费。

卖主（即承租人：华明公司）的会计处理如下。

（1）判断租赁类型。

根据【例2-9】，可知该项租赁属于融资租赁。租赁开始日最低租赁付款额的现值及融资费用分摊率的计算过程与结果同【例2-9】。

（2）计算未实现售后租回损益。

未实现售后租回损益＝售价－资产的账面价值
　　　　　　　　　　＝售价－（资产的账面原价－累计折旧）
　　　　　　　　　　＝2 600 000－（2 400 000－0）＝200 000（元）

（3）在租赁期内采用实际利率法分摊未确认融资费用（同【例2-9】，见表2-2）。

（4）在折旧期内按折旧进度（在本例中即年限平均法）分摊未实现售后租回损益（见表2-4）。

表2-4　未实现售后租回收益分摊表

2×20年1月1日　　　　　　　　　　　　　　　　　　金额单位：元

日　　期	售价	固定资产账面价值	摊销期	分摊率*	摊销额	未实现售后租回损益
（1）2×20年1月1日	2 600 000	2 400 000	35个月			200 000
（2）2×20年12月31日				31.42%	62 840	137 160
（3）2×21年12月31日				34.29%	68 580	68 580
（4）2×22年12月31日				34.29%	68 580	0
合计	2 600 000	2 400 000		100%	200 000	

*参见表2-3中的折旧率。

本例中，由于租赁资产的折旧期为35个月，因此，未实现售后租回损益的分摊期也为35个月。

（5）账务处理。

2×20年1月1日，结转出售固定资产的成本：

　　借：固定资产清理　　　　　　　　　　　　　2 400 000
　　　　贷：固定资产　　　　　　　　　　　　　　　　2 400 000

2×20年1月1日，向宏业公司出售程控生产线：

　　借：银行存款　　　　　　　　　　　　　　　2 600 000

贷：固定资产清理　　　　　　　　　　　　　　　　　　2 400 000
　　　　递延收益——未实现售后租回损益（融资租赁）　　200 000
2×20年2月28日，确认本月应分摊的未实现售后租回损益：
　　借：递延收益——未实现售后租回损益（融资租赁）
　　　　　　　　　　　　　　　　　　　（62 840÷11）5 712.73
　　贷：制造费用——折旧费　　　　　　　　　　　　　　5 712.73
其他有关会计处理（略）。

2. 第二种情况：售后租回交易形成融资租赁，售价低于资产账面价值

【例2-11】沿用【例2-9】，假定2×20年1月1日，华明公司将一条程控生产线按2 600 000元的价格销售给宏业公司。该生产线2×20年1月1日的账面原值为2 800 000元，全新设备未计提折旧。同时又签订了一份租赁合同将该生产线租回，该合同主要条款与【例2-9】的合同条款内容相同，假定不考虑相关税费。

卖主（即承租人：华明公司）的会计处理如下。

（1）判断租赁类型。

根据【例2-9】，可知该项租赁属于融资租赁。租赁开始日最低租赁付款额的现值及融资费用分摊率的计算过程与结果同【例2-9】。

（2）计算未实现售后租回损益。

未实现售后租回损益＝售价－资产的账面价值
　　　　　　　　　＝售价－（资产的账面原价－累计折旧）
　　　　　　　　　＝2 600 000－（2 800 000－0）
　　　　　　　　　＝－200 000（元）

（3）在租赁期内采用实际利率法分摊未确认融资费用（同【例2-9】，见表2-2）。

（4）在折旧期内按折旧进度（在本例中即年限平均法）分摊未实现售后租回损益（见表2-5）。

本例中，由于租赁资产的折旧期为35个月，因此，未实现售后租回损益的分摊期也为35个月。

表2-5　未实现售后租回损失分摊表

2×20年1月1日　　　　　　　　　　　　　　　　　　　金额单位：元

日　期	售价	固定资产账面价值	摊销期	分摊率*	摊销额	未实现售后租回损益
（1）2×20年1月1日	2 600 000	2 800 000	35个月			200 000
（2）2×20年1月1日				31.42%	62 840	137 160
（3）2×21年1月1日				34.29%	68 580	68 580
（4）2×22年1月1日				34.29%	68 580	0
合计	2 600 000	2 800 000		100.00%	200 000	

*参见表2-3中的折旧率。

（5）账务处理。

2×20年1月1日，结转出售固定资产的成本：

借：固定资产清理　　　　　　　　　　　　　2 800 000
　　贷：固定资产　　　　　　　　　　　　　　　　　　2 800 000

2×20年1月1日，向宏业公司出售程控生产线：

借：银行存款　　　　　　　　　　　　　　　2 600 000
　　递延收益——未实现售后租回损益（融资租赁）　200 000
　　贷：固定资产清理　　　　　　　　　　　　　　　　2 800 000

2×20年2月28日，确认本月应分摊的未实现售后租回损益：

借：制造费用——折旧费　　　（62 840÷11）5 712.73
　　贷：递延收益——未实现售后租回损益（融资租赁）　5 712.73

其他有关会计处理（略）。

3.第三种情况：售后租回交易形成经营租赁，售价高于资产公允价值

【例2-12】假定2×20年1月1日，华明公司将全新市价为950 000元

的办公设备一台，按照1 000 000元的价格售给宏业公司，该设备2×20年1月1日的账面价值为900 000元，并立即签订了一份租赁合同，租期为4年，每年年末支付租金200 000元。

卖主（即承租人：华明公司）的会计处理如下。

（1）判断租赁类型。

根据【例2-8】，该项租赁属于经营租赁。

（2）计算未实现售后租回损益。

未实现售后租回损益＝售价－资产的账面价值
=1 000 000-900 000=100 000（元）

（3）在租赁期内按租金支付比例分摊未实现售后租回损益（见表2-6）。

表2-6　未实现售后租回收益分摊表

2×20年1月1日　　　　　　　　　　　　　　　　　　　　金额单位：元

日　期	售价	固定资产账面价值	支付的租金	分摊率	摊销额	未实现售后租回损益
（1）2×20年1月1日	1 000 000	900 000				100 000
（2）2×20年12月31日			200 000	25%	25 000	75 000
（3）2×21年12月31日			200 000	25%	25 000	50 000
（4）2×22年12月31日			200 000	25%	25 000	25 000
（5）2×23年12月31日			200 000	25%	25 000	0
合计	1 000 000	900 000	800 000	100%	100 000	

（4）账务处理。

2×20年1月1日，结转出售固定资产的成本：

借：固定资产清理　　　　　　　　　　　　　　　　900 000
　　贷：固定资产　　　　　　　　　　　　　　　　　　900 000

2×20年1月1日，向宏业公司出售设备：

借：银行存款　　　　　　　　　　　　　　　　　1 000 000

贷：固定资产清理　　　　　　　　　　　　　　　　900 000
　　　　递延收益——未实现售后租回损益（经营租赁）　100 000

2×20年12月31日，确认本年应分摊的未实现售后租回损益（在本例中，按年分摊未实现售后租回损益只是为了简化核算。在实际工作中，承租人一般应在按月确认租金费用的同时合理分摊未实现售后租回损益）。

　　借：递延收益——未实现售后租回损益（经营租赁）　25 000
　　　　贷：管理费用　　　　　　　　　　　　　　　　　25 000

其他有关会计处理（略）。

但是，如果有确凿证据表明，售后租回交易是按照公允价值达成的，售价与资产账面价值之间的差额应当计入当期损益。

在这种情况下，账务处理为：

2×20年1月1日，结转出售固定资产的成本：

　　借：固定资产清理　　　　　　　　　　　　　　　　900 000
　　　　贷：固定资产　　　　　　　　　　　　　　　　　900 000

2×20年1月1日，向宏业公司出售设备：

　　借：银行存款　　　　　　　　　　　　　　　　　1 000 000
　　　　贷：固定资产清理　　　　　　　　　　　　　　　900 000
　　　　　　营业外收入　　　　　　　　　　　　　　　　100 000

4. 第四种情况：售后租回交易形成经营租赁，售价低于资产公允价值且损失将由低于市价的未来租赁付款额补偿

【例2-13】沿用【例2-8】，假定2×20年1月1日，华明公司将全新市价为1 100 000元的办公设备一台，按照1 000 000元的价格售给宏业公司，该设备2×20年1月1日的账面价值为1 100 000元，并立即签订了一份租赁合同，该合同主要条款与【例2-8】的合同条款内容相同。假设未来租赁付款总额低于市价100 000元。

卖主（即承租人：华明公司）的会计处理如下。

（1）判断租赁类型。

根据【例2-8】，该项租赁属于经营租赁。

（2）计算未实现售后租回损益。

未实现售后租回损益 = 售价 - 资产的账面价值
= 1 000 000 - 1 100 000
= -100 000（元）

（3）在租赁期内按租金支付比例分摊未实现售后租回损益（见表2-7）。

表2-7 未实现售后租回收益分摊表

2×20年1月1日   金额单位：元

日　期	售价	固定资产账面价值	支付的租金	分摊率	摊销额	未实现售后租回损益
（1）2×20年1月1日	1 000 000	1 100 000				-100 000
（2）2×20年1月1日			200 000	25%	25 000	75 000
（3）2×21年1月1日			200 000	25%	25 000	50 000
（4）2×22年1月1日			200 000	25%	25 000	25 000
（5）2×23年1月1日			200 000	25%	25 000	0
合计	1 000 000	1 100 000	800 000	100%	100 000	

（4）会计处理。

2×20年1月1日，结转出售固定资产的成本：

借：固定资产清理　　　　　　　　　　　　　　　1 100 000
　　贷：固定资产　　　　　　　　　　　　　　　　　　1 100 000

2×20年1月1日，向宏业公司出售设备：

借：银行存款　　　　　　　　　　　　　　　　　1 000 000
　　递延收益——未实现售后租回损益（经营租赁）　　100 000
　　贷：固定资产清理　　　　　　　　　　　　　　　　1 100 000

2×20年12月31日，确认本年应分摊的未实现售后租回损益（在本例中，按年分摊未实现售后租回损益只是为了简化核算。在实际工作中，承租人一般应在按月确认租金费用的同时合理分摊未实现售后租回损益)。

  借：管理费用   25 000
   贷：递延收益——未实现售后租回损益(经营租赁) 25 000

其他有关会计处理(略)。

但是，如果有确凿证据表明，售后租回交易是按照公允价值达成的或售价低于公允价值且未来租赁付款额不低于市价的，售价与资产账面价值之间的差额应当计入当期损益。

在这种情况下，会计处理为：

2×20年1月1日，结转出售固定资产的成本：

  借：固定资产清理   1 100 000
   贷：固定资产   1 100 000

2×20年1月1日，向宏业公司出售设备：

  借：银行存款   1 000 000
    营业外支出   100 000
   贷：固定资产清理   1 100 000

第五节 非货币性资产交换换入的固定资产

  非货币性资产交换是一种非经常性的特殊交易行为，是交易双方主要以存货、固定资产、无形资产和长期股权投资等非货币性资产进行的交换。实务工作中，交易双方通过非货币性资产交换一方面可以满足各自生产经营的需要，同时可在一定程度上减少货币性资产的流出。如某企业需要一项另一个企业拥有的设备，另一个企业需要上述企业生产的产品作为原材料，双方就可能会出现非货币性资产交换的交易行为，同时也在一定程度上减少货币性资产的流出。非货币性资产交换不涉及或只涉及少量的货币性资产。因此，换入资产成本的计量基础以及对换出资产损益的确定与以货币性资产取得非货币性资产不同，需要运用不同的计量基础和判断标准。

一、确认和计量原则

在非货币性资产交换的情况下，不论是一项资产换入一项资产、一项资产换入多项资产、多项资产换入一项资产，还是多项资产换入多项资产，换入资产的成本都有两种计量基础。

（一）公允价值

非货币性资产交换同时满足下列两个条件的，应当以公允价值和应支付的相关税费作为换入资产的成本，公允价值与换出资产账面价值的差额计入当期损益：

（1）该项交换具有商业实质。

（2）换入资产或换出资产的公允价值能够可靠地计量。资产存在活跃市场，是资产公允价值能够可靠计量的明显证据，但不是唯一要求。属于以下三种情形之一的，公允价值视为能够可靠计量：

（1）换入资产或换出资产存在活跃市场。

（2）换入资产或换出资产不存在活跃市场，但同类或类似资产存在活跃市场。

（3）换入资产或换出资产不存在同类或类似资产可比市场交易、采用估值技术确定的公允价值满足一定的条件。采用估值技术确定的公允价值必须符合以下条件之一，视为能够可靠计量：

①采用估值技术确定的公允价值估计数的变动区间很小。这种情况是指虽然企业通过估值技术确定的资产的公允价值不是一个单一的数据，但是介于一个变动范围很小的区间内，可以认为资产的公允价值能够可靠计量。

②在公允价值估计数变动区间内，各种用于确定公允价值估计数的概率能够合理确定。这种情况是指采用估值技术确定的资产公允价值在一个变动区间内，区间内出现各种情况的概率或可能性能够合理确定，企业可以采用类似《企业会计准则第 13 号——或有事项》计算最佳估计数的方法确定资产的公允价值，这种情况视为公允价值能够可靠计量。

换入资产和换出资产公允价值均能够可靠计量的，应当以换出资产公允价值作为确定换入资产成本的基础，一般来说，取得资产的成本应当按照所放弃资产的对价来确定，在非货币性资产交换中，换出资产就是放弃的对价，如果其公允价值能够可靠确定，应当优先考虑按照换出资产的公允价值作为确定换入资产成本的基础；如果有确凿证据表明换入资产的公允价值更加可靠的，应当以换入资产公允价值为基础确定换入资产的成本，这种情况多发生在非货币性资产交换存在补价的情况，因为存在补价表明换入资产和换出资产公允价值不相等，一般不能直接以换出资产的公允价值作为换入资产的成本。

（二）账面价值

不具有商业实质或交换涉及资产的公允价值均不能可靠计量的非货币性资产交换，应当按照换出资产的账面价值和应支付的相关税费，作为换入资产的成本，无论是否支付补价，均不确认损益；收到或支付的补价作为确定换入资产成本的调整因素，其中，收到补价方应当以换出资产的账面价值减去补价作为换入资产的成本；支付补价方应当以换出资产的账面价值加上补价作为换入资产的成本。

二、商业实质的判断

非货币性资产交换具有商业实质，是换入资产能够采用公允价值计量的重要条件之一。在确定资产交换是否具有商业实质时，企业应当重点考虑由于发生了该项资产交换预期使企业未来现金流量发生变动的程度，通过比较换出资产和换入资产预计产生的未来现金流量或其现值，确定非货币性资产交换是否具有商业实质。只有当换出资产和换入资产预计未来现金流量或其现值两者之间的差额较大时，才能表明交易的发生使企业经济状况发生了明显改变时，非货币性资产交换因而具有商业实质。

（一）判断条件

企业发生的非货币性资产交换，符合下列条件之一的，视为具有商业实质。

（1）换入资产的未来现金流量在风险、时间和金额方面与换出资产显著不同，通常包括但不仅限于以下三种情况：

①未来现金流量的风险、金额相同，时间不同。比如，某企业以一批存货换入一项设备，因存货流动性强，能够在较短的时间内产生现金流量，设备作为固定资产要在较长的时间内为企业带来现金流量，两者产生现金流量的时间相差较大，则可以判断上述存货与固定资产的未来现金流量显著不同，因而该两项资产的交换具有商业实质。

②未来现金流量的时间、金额相同，风险不同。

③未来现金流量的风险、时间相同，金额不同。

（2）换入资产与换出资产的预计未来现金流量现值不同，且其差额与换入资产和换出资产的公允价值相比是重大的。

企业如按照上述第一个条件难以判断某项非货币性资产交换是否具有商业实质，即可根据第二个条件，通过计算换入资产和换出资产的预计未来现金流量现值进行比较后判断。资产预计未来现金流量现值，应当按照资产在持续使用过程和最终处置时预计产生的税后未来现金流量，选择恰当的折现率对预计未来现金流量折现后的金额加以确定，即国际财务报告准则所称的"主体特定价值"。

从市场参与者的角度分析，换入资产和换出资产预计未来现金流量在风险、时间和金额方面可能相同或相似，但是，鉴于换入资产的性质和换入企业经营活动的特征等因素，换入资产与换入企业其他现有资产相结合，能够比换出资产产生更大的作用，使换入企业受该换入资产影响的经营活动部分产生的现金流量，与换出资产明显不同，即换入资产对换入企业的使用价值与换出资产对该企业的使用价值明显不同，使换入资产预计未来现金流量现值与换出资产发生明显差异，因而表明该两项资产的交换具有商业实质。

某企业以一项专利权换入另一企业拥有的长期股权投资,假定从市场参与者来看,该项专利权与该项长期股权投资的公允价值相同,两项资产未来现金流量的风险、时间和金额亦相同,但是,对换入企业来讲,换入该项长期股权投资使该企业对被投资方由重大影响变为控制关系,从而对换入企业产生的预计未来现金流量现值与换出的专利权有较大差异;另一企业换入的专利权能够解决生产中的技术难题,从而对换入企业产生的预计未来现金流量现值与换出的长期股权投资有明显差异,因而该两项资产的交换具有商业实质。

（二）关联方之间交换资产与商业实质的关系

在确定非货币性资产交换是否具有商业实质时,企业应当关注交易各方之间是否存在关联方关系。关联方关系的存在可能导致发生的非货币性资产交换不具有商业实质。

三、以公允价值计量换入固定资产的会计处理

非货币性资产交换具有商业实质且公允价值能够可靠计量的,应当以换出资产的公允价值和应支付的相关税费作为换入资产的成本,除非有确凿证据表明换入资产的公允价值比换出资产公允价值更加可靠。

在以公允价值计量的情况下,不论是否涉及补价,只要换出资产的公允价值与其账面价值不相同,就一定会涉及损益的确认,因为非货币性资产交换损益通常是换出资产公允价值与换出资产账面价值的差额,通过非货币性资产交换予以实现。

非货币性资产交换的会计处理,视换出资产的类别不同而有所区别：

（1）换出资产为存货的,应当视同销售处理,根据《企业会计准则第14号——收入》按照公允价值确认销售收入,同时结转销售成本,相当于按照公允价值确认的收入和按账面价值结转的成本之间的差额,也即换出资产公允价值和换出资产账面价值的差额,在利润表中作为营业利润的构成部分予以列示。

（2）换出资产为固定资产、无形资产的，换出资产公允价值和换出资产账面价值的差额，计入营业外收入或营业外支出。

（3）换出资产为长期股权投资的，换出资产公允价值和换出资产账面价值的差额，计入投资收益。

换入资产与换出资产涉及相关税费的，如换出存货视同销售计算的销项税额，换入资产作为存货应当确认的可抵扣增值税进项税额，以及换出固定资产、无形资产视同转让应交纳的营业税等，按照相关税收规定计算确定。

（一）不涉及补价的情况

【例2-14】2×20年2月，华明公司以本公司生产过程中使用的一台设备交换宏业空调公司生产的一批空调，换入的空调作为固定资产管理。华明、宏业公司均为增值税一般纳税人，适用的增值税税率为13%。设备的账面原价为150万元，已计提折旧45万元，公允价值为90万元。空调的账面价值为110万元，在交换日的市场价格为90万元，计税价格等于市场价格。宏业公司换入华明公司的设备是生产空调过程中需要使用的设备。

假设华明公司此前没有为该项设备计提资产减值准备，整个交易过程中，除支付运杂费15 000元外，没有发生其他相关税费。假设宏业公司此前也没有为库存空调计提存货跌价准备，其在整个交易过程中没有发生除增值税以外的其他税费。

分析：整个资产交换过程没有涉及收付货币性资产，因此，该项交换属于非货币性资产交换。本例是以存货换入固定资产，对华明公司来讲，换入的空调是经营过程中必需的资产，对宏业公司来讲，换入的设备是生产空调过程中必须使用的机器，两项资产交换后对换入企业的特定价值显著不同，两项资产的交换具有商业实质；同时，两项资产的公允价值都能够可靠地计量，符合以公允价值计量的两个条件，因此，华明公司和宏业公司均应当以换出资产的公允价值为基础，确定换入资产的成本，并确认产生的损益。

华明公司的账务处理如下：

华明公司换入资产的增值税进项税额 =900 000×13%=117 000（元）

换出设备的增值税销项税额 =900 000×13%=117 000（元）

借：固定资产清理　　　　　　　　　　　　　　1 050 000
　　累计折旧　　　　　　　　　　　　　　　　　450 000
　　　贷：固定资产——设备　　　　　　　　　　　　1 500 000
借：固定资产清理　　　　　　　　　　　　　　　15 000
　　　贷：银行存款　　　　　　　　　　　　　　　　　15 000
借：固定资产——空调　　　　　　　　　　　　900 000
　　应交税费——应交增值税（进项税额）　　　117 000
　　营业外支出　　　　　　　　　　　　　　　165 000
　　　贷：固定资产清理　　　　　　　　　　　　　1 065 000
　　　　　应交税费——应交增值税（销项税额）　　117 000

宏业公司的账务处理如下：

根据增值税的有关规定，企业以库存商品换入其他资产，视同销售行为应计算增值税销项税额，缴纳增值税。

换出空调的增值税销项税额 =900 000×13%=117 000（元）

换入设备的增值税进项税额 =900 000×13%=117 000（元）

借：固定资产——设备　　　　　　　　　　　　900 000
　　应交税费——应交增值税（进项税额）　　　117 000
　　　贷：主营业务收入　　　　　　　　　　　　　900 000
　　　　　应交税费——应交增值税（销项税额）　　117 000
借：主营业务成本　　　　　　　　　　　　　1 100 000
　　　贷：库存商品——空调　　　　　　　　　　　1 100 000

（二）涉及补价的情况

在以公允价值确定换入资产成本的情况下，发生补价的，支付补价方和收到补价方应当分别情况处理：

（1）支付补价方应当以换出资产的公允价值加上支付的补价（即换入资产的公允价值）和应支付的相关税费，作为换入资产的成本；换入资产成本与换出资产账面价值加支付的补价、应支付的相关税费之和的差额，应当计入当期损益。

（2）收到补价方应当以换入资产的公允价值（或换出资产的公允价值减去补价）和应支付的相关税费，作为换入资产的成本；换入资产成本加收到的补价之和与换出资产账面价值加应支付的相关税费之和的差额，应当计入当期损益。

在涉及补价的情况下，对于支付补价方而言，作为补价的货币性资产构成换入资产所放弃对价的一部分，对于收到补价方而言，作为补价的货币性资产构成换入资产的一部分。

四、以换出资产账面价值计量换入固定资产的会计处理

非货币性资产交换不具有商业实质，或者虽然具有商业实质但换入资产和换出资产的公允价值均不能可靠计量的，应当以换出资产账面价值为基础确定换入资产成本，无论是否支付补价，均不确认损益。

一般来讲，如果换入资产和换出资产的公允价值都不能可靠计量时，该项非货币性资产交换通常不具有商业实质，因为在这种情况下，很难比较两项资产产生的未来现金流量在时间、风险和金额方面的差异，很难判断两项资产交换后对企业经济状况改变所起的不同效用。因而，此类资产交换通常不具有商业实质。

【例2-15】华明公司拥有一台生产设备，该设备账面原价450万元，已计提折旧330万元，宏业公司拥有一项长期股权投资，账面价值90万元，两项资产均未计提减值准备。华明公司决定以其专有设备交换宏业公司的长期股权投资，该专有设备是生产某种产品必需的设备。专有设备其公允价值不能可靠计量；宏业公司拥有的长期股权投资在活跃市场中没有报价，其公允价值也不能可靠计量。经双方商定，宏业支付了20万元补价。假定交易不考虑相关税费。

分析：该项资产交换涉及收付货币性资产，即补价20万元。对宏业公司而言，支付的补价20万元÷110万元（换出资产账面价值90万元＋支付的补价20万元）=18.18%＜25%。因此，该项交换属于非货币性资产交换。由于两项资产的公允价值不能可靠计量，因此，宏业公司换入资产的成本均

应当按照换出资产的账面价值确定。

宏业公司的账务处理如下：

借：固定资产——专有设备　　　　　　　　　1 100 000
　贷：长期股权投资　　　　　　　　　　　　　　900 000
　　　银行存款　　　　　　　　　　　　　　　　200 000

从上例可以看出，尽管宏业公司支付了20万元补价，但由于整个非货币性资产交换是以账面价值为基础计量的，不确认损益。对宏业公司而言，换出资产是长期股权投资和银行存款20万元，换入资产专有设备的成本等于换出资产的账面价值，即110（90+20）万元。由此可见，在以账面价值计量的情况下，发生的补价是用来调整换入资产的成本，不涉及确认损益问题。

五、涉及多项非货币性资产交换的会计处理

企业以一项非货币性资产同时换入另一企业的多项非货币性资产，或同时以多项非货币性资产换入另一企业的一项非货币性资产，或以多项非货币性资产同时换入多项非货币性资产，也可能涉及补价。涉及多项资产的非货币性资产交换，企业无法将换出的某一资产与换入的某一特定资产相对应。与单项非货币性资产之间的交换一样，涉及多项资产的非货币性资产交换的计量，企业也应当首先判断是否符合以公允价值计量的两个条件，再分别情况确定各项换入资产的成本。

涉及多项资产的非货币性资产交换一般可以分为以下四种情况：

（1）资产交换具有商业实质，且各项换出资产和各项换入资产的公允价值均能够可靠计量。在这种情况下，换入资产的总成本应当按照换出资产的公允价值总额为基础确定，除非有确凿证据证明换入资产的公允价值总额更可靠。各项换入资产的成本，应当按照各项换入资产的公允价值占换入资产公允价值总额的比例，对换入资产总成本进行分配，确定各项换入资产的成本。

（2）资产交换具有商业实质，且换入资产的公允价值能够可靠计量，但换出资产的公允价值不能可靠计量。在这种情况下，换入资产的总成本应当

按照换入资产的公允价值总额为基础确定,各项换入资产的成本,应当按照各项换入资产的公允价值占换入资产公允价值总额的比例,对换入资产总成本进行分配,确定各项换入资产的成本。

(3)资产交换具有商业实质,换出资产的公允价值能够可靠计量,但换入资产的公允价值不能可靠计量。在这种情况下,换入资产的总成本应当按照换出资产的公允价值总额为基础确定,各项换入资产的成本,应当按照各项换入资产的原账面价值占换入资产原账面价值总额的比例,对按照换出资产公允价值总额确定的换入资产总成本进行分配,确定各项换入资产的成本。

(4)资产交换不具有商业实质,或换入资产和换出资产的公允价值均不能可靠计量。在这种情况下,换入资产的总成本应当按照换出资产的账面价值总额为基础确定,各项换入资产的成本,应当按照各项换入资产的原账面价值占换入资产的账面价值总额的比例,对按照换出资产账面价值总额为基础确定的换入资产总成本进行分配,确定各项换入资产的成本。

实际上,上述第(3)种情况,换入资产总成本都是按照公允价值计量的,但各单项换入资产成本的确定,则视各单项换入资产的公允价值能否可靠计量而分别情况处理;第(4)种情况属于不符合公允价值计量的条件,换入资产总成本按照换出资产账面价值总额确定,各单项换入资产成本的确定,按照各单项换入资产的原账面价值占换入资产账面价值总额的比例确定。

(一)以公允价值计量的情况

【例2-16】甲公司与乙公司经协商,甲公司以其持有的一项专利权与乙公司拥有的一台机器设备交换。交换后两公司对于换入资产仍供经营使用。在交换日,甲公司的专利权的账面原价为9 000 000万元,已累计摊销1 500 000元,未计提减值准备,在交换日的公允价值为8 000 000元;乙公司拥有的机器设备的账面原价为10 000 000元,已提折旧3 000 000元,未计提减值准备,在交换日的公允价值为7 550 000元,乙公司另支付了450 000元给甲公司。假定两公司均为增值税一般纳税人,销售固定资产和无形资产适用的增值税税率分别为13%和6%,上述交易过程中涉及的增值税进项税额按照税法规定可抵扣且已得到认证；不考虑其他相关税费。

分析：该项资产交换涉及收付货币性资产，即补价450 000元。

对甲公司而言，收到的补价450 000元÷换出资产的公允价值8 000 000元（换入机器设备公允价值7 550 000元+收到的补价450 000元）= 5.6%＜25%，属于非货币性资产交换。

对乙公司而言，支付的补价450 000元÷换入资产的公允价值8 000 000元=5.6%＜25%，属于非货币性资产交换。

本例属于以无形资产交换机器设备。专利权这项无形资产和机器设备这项固定资产的未来现金流量在时间、风险、金额方面有显著不同，因而可判断两项资产的交换具有商业实质。同时，专利权和机器设备的公允价值均能够可靠地计量，因此，甲、乙公司均应当以公允价值为基础确定换入资产的成本，并确认产生的损益。

甲公司的账务处理如下：

  借：固定资产   7 550 000
    应交税费——应交增值税（进项税额）   981 500
    银行存款   450 000
    累计摊销   1 500 000
   贷：无形资产   9 000 000
     应交税费——应交增值税（销项税额）   480 000
     资产处置损益   1 001 500

乙公司的账务处理如下：

  借：固定资产清理   7 000 000
    累计折旧   3 000 000
   贷：固定资产   10 000 000
  借：无形资产   8 000 000
    应交税费——应交增值税（进项税额）   480 000
   贷：固定资产清理   7 000 000
     银行存款   450 000
     应交税费——应交增值税（销项税额）   981 500
     资产处置损益   48 500

（二）以账面价值计量的情况

【例2-17】2×20年9月，华明公司与宏业公司协商，将华明公司的生产设备连同专利技术与宏业公司正在建造过程中的建筑物和对丙企业的长期股权投资进行交换。华明公司换出生产设备的账面原价为12 000 000元，已提折旧7 500 000元；专利技术账面原价为4 500 000元，已摊销金额为2 700 000元。宏业公司在建工程截止到交换日的成本为5 250 000元，对丙公司的长期股权投资账面余额为1 500 000元。由于华明公司持有的专有设备和专利技术市场上已不多见。因此，公允价值不能可靠计量。宏业公司的在建工程因完工程度难以合理确定，其公允价值不能可靠计量，由于丙公司不是上市公司，宏业公司对丙公司长期股权投资的公允价值也不能可靠计量。假定华明、宏业公司均未对上述资产计提减值准备。

分析：本例不涉及收付货币性资产，属于非货币性资产交换。由于换入资产、换出资产的公允价值均不能可靠计量，华明、宏业公司均应当以换出资产账面价值总额作为换入资产的成本，各项换入资产的成本，应当按各项换入资产的账面价值占换入资产账面价值总额的比例分配后确定。

华明公司的账务处理如下：

（1）根据税法有关规定。

换出生产设备的增值税销项税额＝（12 000 000－7 500 000）×13%＝585 000（元）

换出专利技术的增值税销项税额＝（4 500 000－2 700 000）×6%＝108 000（元）

（2）计算换入资产、换出资产账面价值总额。

换入资产账面价值总额＝5 250 000+1 500 000＝6 750 000（元）

换出资产账面价值总额＝（12 000 000－7 500 000）+（4 500 000－2 700 000）＝6 300 000（元）

（3）确定换入资产总成本。

换入资产总成本＝换出资产账面价值总额＝6 300 000（元）

（4）计算各项换入资产账面价值占换入资产账面价值总额的比例。

在建工程占换入资产账面价值总额的比例 =5 250 000÷6 750 000=77.8%

长期股权投资占换入资产账面价值总额的比例 =1 500 000÷6 750 000= 22.2%

（5）确定各项换入资产成本。

在建工程成本 =6 300 000×77.8%=4 901 400（元）

长期股权投资成本 =6 300 000×22.2%=1 398 600（元）

（6）会计分录。

借：固定资产清理　　　　　　　　　　　　　4 500 000
　　累计折旧　　　　　　　　　　　　　　　　7 500 000
　　贷：固定资产——专有设备　　　　　　　　　　12 000 000
借：在建工程　　　　　　　　　　　　　　　　4 901 400
　　长期股权投资　　　　　　　　　　　　　　1 398 600
　　累计摊销　　　　　　　　　　　　　　　　2 700 000
　　营业外支出　　　　　　　　　　　　　　　　585 000
　　贷：固定资产清理　　　　　　　　　　　　　4 500 000
　　　　应交税费——应交增值税（销项税额）　　　585 000
　　　　无形资产——专利技术　　　　　　　　　4 500 000

宏业公司的账务处理如下：

（1）根据税法有关规定。

换入专用设备的增值税进项税额（12 000 000-7 500 000）×13%= 585 000（元）

换入专利技术的增值税进项税额 =（4 500 000-2 700 000）×6%= 108 000（元）

换出在建建筑物的增值税销项税额 =5 250 000×9%=472 500（元）

（2）计算换入资产、换出资产账面价值总额。

换入资产账面价值总额 =（12 000 000-7 500 000）+（4 500 000-2 700 000）= 6 300 000（元）

换出资产账面价值总额 =5 250 000+1 500 000=6 750 000（元）

（3）确定换入资产总成本。

换入资产总成本 = 换出资产账面价值总额 =6 750 000（元）

（4）计算各项换入资产账面价值占换入资产账面价值总额的比例。

专有设备占换入资产账面价值总额的比例 =4 500 000÷6 300 000=71.4%

专有技术占换入资产账面价值总额的比例 =1 800 000÷6 300 000=28.6%

（5）确定各项换入资产成本。

专有设备成本 =6 750 000×71.4%=4 819 500（元）

专利技术成本 =6 750 000×28.6%=1 930 500（元）

（6）会计分录。

借：固定资产——专有设备	4 819 500
无形资产——专利技术	1 930 500
应交税费——应交增值税（进项税额）	693 000
贷：在建工程	5 250 000
长期股权投资	1 500 000
应交税费——应交增值税（销项税额）	472 500
营业外收入	220 500

第六节　以债务重组方式获得的固定资产

一、债务重组的定义

债务重组，是指在债务人发生财务困难的情况下，债权人按照其与债务人达成的协议或法院的裁定作出让步的事项。

债务重组定义中"债务人发生财务困难"是指债务人出现资金周转困难或经营陷入困境，导致其无法或者没有能力按原定条件偿还债务。

"债权人作出让步"是指债权人同意发生财务困难的债务人现在或者将来以低于重组债务账面价值的金额或者价值偿还债务。情形主要包括：债权人减免债务人部分债务本金或者利息、降低债务人应付债务的利率等。债务人发生财务困难，是债务重组的前提条件，而债权人作出让步是债务重组的必要条件。

二、以资产清偿债务

以资产清偿债务，是指债务人转让其资产给债权人以清偿债务的债务重组方式。债务人通常用于偿债的资产主要有：现金、存货、固定资产、无形资产等。

在债务重组中，企业以资产清偿债务的，通常包括以现金清偿债务和以非现金资产清偿债务等方式。在这里，我们只介绍以非现金资产清偿债务。

债务人以非现金资产清偿某项债务的，债务人应当将重组债务的账面价值与转让的非现金资产的公允价值之间的差额确认为债务重组利得，作为营业外收入，计入当期损益，其中，相关重组债务应当在满足金融负债终止确认条件时予以终止确认。转让的非现金资产的公允价值与其账面价值的差额作为转让资产损益，计入当期损益。

债务人在转让非现金资产的过程中发生的一些税费，如资产评估费、运杂费等，直接计入转让资产损益。对于增值税应税项目，如债权人不向债务人另行支付增值税，则债务重组利得应为转让非现金资产的公允价值和该非现金资产的增值税销项税额与重组债务账面价值的差额；如债权人向债务人另行支付增值税，则债务重组利得应为转让非现金资产的公允价值与重组债务账面价值的差额。

债务人以非现金资产清偿某项债务的，债权人应当对受让的非现金资产按其公允价值入账，重组债权的账面余额与受让的非现金资产的公允价值之间的差额，确认为债务重组损失，作为营业外支出，计入当期损益，其中，相关重组债权应当在满足金融资产终止确认条件时予以终止确认。重组债权已经计提减值准备的，应当先将上述差额冲减已计提的减值准备，冲减后仍有损失的，计入营业外支出（债务重组损失）；冲减后减值准备仍有余额的，应予转回并抵减当期资产减值损失。对于增值税应税项目，如债权人不向债务人另行支付增值税，则增值税进项税额可以作为冲减重组债权的账面余额处理；如债权人向债务人另行支付增值税，则增值税进项税额不能作为冲减重组债权的账面余额处理。

债权人收到非现金资产时发生的有关运杂费等,应当计入相关资产的价值。其中,债务人以固定资产抵偿债务,应将固定资产的公允价值与该项固定资产账面价值和清理费用的差额作为转让固定资产的损益处理。同时,将固定资产的公允价值与应付债务的账面价值的差额,作为债务重组利得,计入营业外收入。债权人收到的固定资产应按公允价值计量。

【例2-18】华明公司于2×20年4月8日销售给宏业公司一批材料,价值400 000元(包括应收取的增值税额),按购销合同约定,宏业公司应于2×21年4月8日前支付货款,但至2×21年6月10日宏业公司尚未支付货款。由于宏业公司财务发生困难,短期内不能支付货款。2×21年8月11日,与华明公司协商,华明公司同意宏业公司以一台设备偿还债务。该项设备的账面原价为350 000元,已提折旧50 000元,设备的公允价值为360 000元(假定企业转让该项设备不需要交纳增值税)。

华明公司对该项应收账款已提取坏账准备20 000元。抵债设备已于2×21年10月1日运抵华明公司。假定不考虑该项债务重组相关的税费。

华明公司的账务处理如下:

(1)计算债务重组损失。

应收账款账面余额	400 000
减:受让资产的公允价值	360 000
差额	40 000
减:已计提坏账准备	20 000
债务重组损失	20 000

(2)应作会计分录如下。

借:固定资产	360 000
坏账准备	20 000
营业外支出——债务重组损失	20 000
贷:应收账款	400 000

第七节　与政府补助相关的固定资产

一、政府补助的定义

政府补助是指企业从政府无偿取得货币性资产或非货币性资产,但不包括政府作为企业所有者投入的资本。政府如以企业所有者身份向企业投入资本,将拥有企业相应的所有权,分享企业利润。在这种情况下,政府与企业之间的关系是投资者与被投资者的关系,属于互惠交易。这与其他单位或个人对企业的投资在性质上是一致的。

二、政府补助的特征

政府补助主要有如下特征:

一是无偿性。无偿性是政府补助的基本特征。政府并不因此享有企业的所有权,企业将来也不需要偿还。这一特征将政府补助与政府作为企业所有者投入的资本、政府采购等政府与企业之间双向、互惠的经济活动区分开来。政府补助通常附有一定的条件,这与政府补助的无偿性并无矛盾,并不表明该项补助有偿,而是企业经法定程序申请取得政府补助后,应当按照政府规定的用途使用该项补助。

二是直接取得资产。政府补助是企业从政府直接取得的资产,包括货币性资产和非货币性资产。比如,企业取得的财政拨款,先征后返(退)、即征即退等方式返还的税款、行政划拨的土地使用权等。不涉及资产直接转移的经济支持不属于政府补助准则规范的政府补助,比如政府与企业间的债务豁免,除税收返还外的税收优惠,如直接减征、免征、增加计税抵扣额、抵免部分税额等。

此外,还需说明的是,增值税出口退税不属于政府补助。根据相关税收法规规定，对增值税出口货物实行零税率，即对出口环节的增值部分免征增值税，同时退回出口货物前道环节所征的进项税额。由于增值税是价外税，出口货物前道环节所含的进项税额是抵扣项目，体现为企业垫付资金的性质，增值税出口退税实质上是政府归还企业事先垫付的资金，不属于政府补助。

三、政府补助的分类

根据政府补助准则规定，政府补助应当划分为与资产相关的政府补助和与收益相关的政府补助，这是因为两类政府补助给企业带来经济利益或者弥补相关成本或费用的形式不同，从而在具体账务处理上存在差别。

（一）与资产相关的政府补助

与资产相关的政府补助，是指企业取得的、用于购建或以其他方式形成长期资产的政府补助。这类补助通常以银行转账的方式拨付，如政府拨付的用于企业购买无形资产的财政拨款、政府对企业用于建造固定资产的相关贷款给予的财政贴息等，应当在实际收到款项时按照到账的实际金额确认和计量。在很少的情况下，这类补助也可能表现为政府向企业无偿划拨长期非货币性资产，应当在实际取得资产并办妥相关受让手续时按照其公允价值确认和计量，公允价值不能可靠取得的，按照名义金额（即1元）计量。

（二）与收益相关的政府补助

与收益相关的政府补助，是指除与资产相关的政府补助之外的政府补助。这类补助一般以银行转账的方式拨付，应当在实际收到款项时按照到账的实际金额确认和计量。只有存在确凿证据表明该项补助是按照固定的定额标准拨付的，才可以在这项补助成为应收款时予以确认并按照应收的金额计量。

通常情况下，政府补助为与收益相关的政府补助，因为根据市场经济条件下政府补助的原则和理念，政府补助主要是对企业特定产品由于非市场因素导致的价格低于成本的一种补偿。

在这里，我们只介绍与资产相关的政府补助。

四、与资产相关的政府补助

企业取得与资产相关的政府补助，不能全额确认为当期收益，应当随着相关资产的使用逐渐计入以后各期的收益。也就是说，这类补助应当先确认为递延收益，然后自相关资产可供使用时起，在该项资产使用寿命内平均分配，计入当期营业外收入。

与资产相关的政府补助通常为货币性资产形式：

（1）企业应当在实际收到款项时，按照到账的实际金额，借记"银行存款"等科目，贷记"递延收益"科目。

（2）将政府补助用于购建长期资产时，相关长期资产的购建与企业正常的资产购建或研发处理一致，通过"在建工程""研发支出"等科目归集，完成后转为固定资产或无形资产。

（3）自相关长期资产可供使用时起，在相关资产计提折旧或摊销时，按照长期资产的预计使用期限，将递延收益平均分摊转入当期损益，借记"递延收益"科目，贷记"营业外收入"科目。

（4）相关资产在使用寿命结束时或结束前被处置（出售、转让、报废等），尚未分摊的递延收益余额应当一次性转入资产处置当期的收益，不再予以递延。

【例2-19】2×20年1月，华明公司需购置一台环保设备，预计价款为5 000 000元，因资金不足，按相关规定向有关部门提交补助2 100 000元的申请。2×20年3月15日，政府批准了华明公司的申请并拨付华明企业2 100 000元财政拨款（同日到账）。2×20年4月19日，华明公司购入无需安装环保设备，实际成本为4 800 000元，使用寿命10年，采用直线法计提折旧（假设无残值）。2×28年4月，华明公司出售了这台设备，取得价款1 200 000元（假定不考虑其他因素）。

华明公司的账务处理如下：

（1）2×20年3月15日实际收到财政拨款，确认政府补助。

　　借：银行存款　　　　　　　　　　　　　　　2 100 000
　　　　贷：递延收益　　　　　　　　　　　　　　　2 100 000

（2）2×20年4月19日购入设备。

　　借：固定资产　　　　　　　　　　　　　　　4 800 000
　　　　贷：银行存款　　　　　　　　　　　　　　　4 800 000

（3）自2×20年5月起每个资产负债表日（月末）计提折旧，同时分摊递延收益。

①计提折旧：

　　借：管理费用　　　　　　　　　　　　　　　　40 000
　　　　贷：累计折旧　　　　　　　　　　　　　　　　40 000

②分摊递延收益（月末）：

　　借：递延收益　　　　　　　　　　　　　　　　17 500
　　　　贷：营业外收入　　　　　　　　　　　　　　17 500

（4）2×28年4月出售设备，同时转销递延收益余额。

①出售设备：

　　借：固定资产清理　　　　　　　　　　　　　　960 000
　　　　累计折旧　　　　　　　　　　　　　　　3 840 000
　　　　贷：固定资产　　　　　　　　　　　　　　　4 800 000
　　借：银行存款　　　　　　　　　　　　　　　1 200 000
　　　　贷：固定资产清理　　　　　　　　　　　　　960 000
　　　　　　营业外收入　　　　　　　　　　　　　　240 000

②转销递延收益余额：

　　借：递延收益　　　　　　　　　　　　　　　　420 000
　　　　贷：营业外收入　　　　　　　　　　　　　　420 000

【例2-20】2×20年1月1日，宏业公司为建造一项环保工程向银行贷款5 000 000元，期限2年，年利率为6%。当年12月31日，宏业公司向当地政府提出财政贴息申请。经审核，当地政府批准按照实际贷款额5 000 000元给予宏业公司年利率3%的财政贴息，共计300 000元，分2次支付。2×21年1月15日，第一笔财政贴息资金120 000元到账。2×21年7月1日，工程完工，第二笔财政贴息资金180 000元到账，该工程预计使用寿命10年。

宏业公司的账务处理如下：

（1）2×21年1月15日实际收到财政贴息，确认政府补助。

借：银行存款　　　　　　　　　　　　　　　　　120 000
　　贷：递延收益　　　　　　　　　　　　　　　　120 000

（2）2×21年7月1日实际收到财政贴息，确认政府补助。

借：银行存款　　　　　　　　　　　　　　　　　180 000
　　贷：递延收益　　　　　　　　　　　　　　　　180 000

（3）2×21年7月1日工程完工，开始分配递延收益。

自2×21年7月1日起，每个资产负债表日（月末）账务处理如下：

借：递延收益　　　　　　　　　　　　　　　　　　2 500
　　贷：营业外收入　　　　　　　　　　　　　　　　2 500

其他分录略。

在很少的情况下，与资产相关的政府补助也可能表现为政府向企业无偿划拨长期非货币性资产。企业应当在实际取得资产并办妥相关受让手续时按照其公允价值确认和计量，如该资产相关凭证上注明的价值与公允价值差异不大的，应当以有关凭证中注明的价值作为公允价值；如该资产相关凭证上没有注明价值或者注明价值与公允价值差异较大，但该资产有活跃市场的，应当根据有确凿证据表明的同类或类似资产市场价格作为公允价值。公允价值不能可靠取得的，按照名义金额（1元）计量。

企业取得的政府补助为非货币性资产的，应当首先同时确认一项资产（固定资产或无形资产等）和递延收益，然后在相关资产使用寿命内平均分摊递延收益，计入当期收益。但是，以名义金额计量的政府补助，在取得时计入当期损益。为了避免财务报表产生误导，对于不能合理确定价值的政府补助，应当在附注中披露该政府补助的性质、范围和期限。

第八节　其他特定固定资产

一、存在弃置费用的固定资产

对于特殊行业的特定固定资产，确定其初始入账成本时还应考虑弃置费用。弃置费用通常是指根据国家法律和行政法规、国际公约等规定，企业承担的环境保护和生态恢复等义务所确定的支出，如核电站核设施等的弃置和恢复环境等义务。

对于这类特殊行业的特定的固定资产，企业应当按照弃置费用的现值计入相关固定资产的成本。石油天然气开采企业应当按照油气资产的弃置费用现值计入相关油气资产的成本。在固定资产或油气资产的使用寿命内，按照预计负债的摊余成本和实际利率计算确定的利息费用，应当在发生时计入财务费用。

一般工商企业的固定资产发生的报废清理费用不属于弃置费用，应当在发生时作为固定资产处置费用处理。

【例2-21】华明公司主要从事化工产品的生产和销售。2×20年12月31日，华明公司一套化工产品生产线达到预定可使用状态并投入使用，预计使用寿命为15年。根据有关法律，华明公司在该生产线使用寿命届满时应进行环境复原，预计将发生弃置费用2 000 000元。华明公司采用的折现率为10%。华明公司与弃置费用有关的账务处理如下：

（1）2×20年12月31日，按弃置费用的现值计入固定资产原价。

弃置费用的现值 =2 000 000/ $(1+10\%)^{15}$ ≈ 478 800

借：固定资产　　　　　　　　　　　　　　　478 800
　　贷：预计负债　　　　　　　　　　　　　　　　478 800

（2）2×21年12月31日~2×35年12月31日利息费用的计算见表2-8。

表2-8 利息费用计算表

年度	利息费用 （1）=（2）×10%	预计负债账面价值 上期（2）+（1）
2×20年		478 800.00
2×21年	47 880.00	526 680.00
2×22年	52 668.00	579 348.00
2×23年	57 934.80	637 282.80
2×24年	63 728.28	701 011.08
2×25年	70 101.11	771 112.19
2×26年	77 111.22	848 223.41
2×27年	84 822.34	933 045.75
2×28年	93 304.57	1 026 350.32
2×29年	102 635.03	1 128 985.35
2×30年	112 898.54	1 241 883.89
2×31年	124 188.39	1 366 072.28
2×32年	136 607.23	1 502 679.51
2×33年	150 267.95	1 652 947.46
2×34年	165 294.75	1 818 242.20
2×35年	181 757.78	2 000 000.00

2×21年12月31日，确认利息费用的账务处理如下：

借：财务费用　　　　　　　　　　　　　　　　47 880
　　贷：预计负债　　　　　　　　　　　　　　　　47 880

2×22～2×35年，确认利息费用的账务处理比照2×21年的相关账务处理。固定资产的入账价值中，还应包括企业为取得固定资产而交纳的契税、耕地占用税、车辆购置税等相关税费。企业购置计算机硬件所附带的、未单独计价的软件，应与所购置的计算机硬件一并作为固定资产管理。如涉及借款，还应考虑相关的借款费用资本化金额、外币借款折算差额等因素。

二、存在安全生产费的企业

高危行业企业按照国家规定提取的安全生产费，应当计入相关产品的成本或当期损益，同时记入"专项储备"科目。企业使用提取的安全生产费时，属于费用性支出的，直接冲减专项储备。

企业使用提取的安全生产费形成固定资产的，应当通过"在建工程"科目归集所发生的支出，待安全项目完工达到预定可使用状态时确认为固定资产；同时，按照形成固定资产的成本冲减专项储备，并确认相同金额的累计折旧。该固定资产在以后期间不再计提折旧。

【例2-22】晋华公司是一家煤矿企业，依据开采的原煤产量按月提取安全生产费，提取标准为每吨10元，假定每月原煤产量为80 000吨。2×21年5月8日，经有关部门批准，该企业购入一批需要安装的安全防护设备，价款为2 000 000元，增值税进项税额为320 000元，安装过程中支付人工费300 000元，5月26日安装完成。2×21年5月30日，晋华公司另支付安全生产检查费130 000元。假定2×21年4月30日，晋华公司"专项储备——安全生产费"余额为50 000 000元。不考虑其他相关税费，晋华公司的账务处理如下：

（1）企业按月提取安全生产费。

借：生产成本　　　　　　　　　　　　　　　　800 000
　　贷：专项储备——安全生产费　　　　　　　　　800 000

（2）购置安全防护设备。

借：在建工程——安全防护设备　　　　　　　　2 000 000
　　应交税费——应交增值税（进项税额）　　　　260 000
　　贷：银行存款　　　　　　　　　　　　　　　2 260 000

借：在建工程——安全防护设备　　　　　　　　300 000
　　贷：应付职工薪酬　　　　　　　　　　　　　300 000

　　　　借：应付职工薪酬　　　　　　　　　　　　　　300 000
　　　　　　贷：银行存款或库存现金　　　　　　　　　　300 000
　　　　借：固定资产——安全防护设备　　　　　　　2 300 000
　　　　　　贷：在建工程——安全防护设备　　　　　　2 300 000
　　　　借：专项储备——安全生产费　　　　　　　　2 300 000
　　　　　　贷：累计折旧　　　　　　　　　　　　　　2 300 000
（3）支付安全生产检查费。
　　　　借：专项储备——安全生产费　　　　　　　　　130 000
　　　　　　贷：银行存款　　　　　　　　　　　　　　　130 000

第三章
固定资产折旧

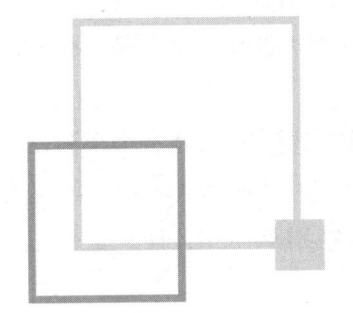

第一节 固定资产折旧概述

一、固定资产折旧的相关概念

固定资产折旧，是指在固定资产使用寿命内，按照确定的方法对应计折旧额进行系统分摊。造成折旧的原因有两种，一种叫有形损耗，另一种叫无形损耗。有形损耗就是自然磨损，而无形损耗是因为科技进步、顾客爱好的变化等带来的。如计算机更新换代非常快，可能一台计算机两年后就已跟不上时代潮流了，并且因此贬值。

使用寿命，是指企业使用固定资产的预计期间，或者该固定资产所能生产产品或提供劳务的数量。

应计折旧额，是指应当计提折旧的固定资产的原价扣除其预计净残值后的金额。已计提减值准备的固定资产，还应当扣除已计提的固定资产减值准备累计金额。

预计净残值，是指假定固定资产预计使用寿命已满并处于使用寿命终了时的预期状态，企业目前从该项资产处置中获得的扣除预计处置费用后的金额。

企业应当根据固定资产的性质和使用情况，合理确定固定资产的使用寿命和预计净残值。固定资产的使用寿命、预计净残值一经确定，不得随意变更。

固定资产折旧的会计核算，实际上就是固定资产的成本在多个会计期间进行分摊的问题。这个问题的关键是在固定资产的使用年限内，每期摊多少，也就是把其价值在一个会计期间内分摊多少作为费用，计入成本。

二、固定资产折旧应考虑的因素

计算每期折旧费用，主要应该考虑以下四个要素：

1. 计提折旧基数

计提固定资产折旧的基数是固定资产的原始价值或固定资产的账面净值。一般以固定资产的原值作为计提折旧的依据，选用双倍余额递减法的企业，以固定资产的账面净值作为计提折旧的依据。

2. 固定使用寿命

折旧年限长短直接关系到折旧率的高低，它是影响企业计提折旧额的关键因素。企业在确定固定资产的使用寿命时，主要应当考虑下列因素：

（1）预计生产能力或实物产量。

（2）预计有形损耗或无形损耗。

（3）法律或者类似规定对资产使用的限制。

其中，有形损耗，是指固定资产在使用过程中，由于正常使用和自然力的作用而引起的使用价值和价值的损失，如设备使用中发生磨损、房屋建筑物受到自然侵蚀等。无形损耗，是指由于科学技术的进步和劳动生产率的提高而带来的固定资产价值上的损失，如因新技术的出现而使现有的资产技术水平相对陈旧、市场需求变化使其所生产的产品过时等。

3. 折旧方法

企业折旧方法不同，在一个会计期间所计提的折旧额相差很大。

4. 固定资产净残值

固定资产净残值由预计固定资产清理报废时可以收回的残值扣除预计清理费用得出。

三、固定资产计提折旧的范围

除以下情况外，企业应对所有固定资产计提折旧：

（1）已提足折旧仍继续使用的固定资产。

（2）按照规定单独估价作为固定资产入账的土地。

其中，提足折旧，是指已经提足该项固定资产的应计折旧额。已达到预定可使用状态但尚未办理竣工决算的固定资产，应当按照估计价值确定其成本，并计提折旧；待办理竣工决算后，再按照实际成本调整原来的暂估价值，但不需要调整原已计提的折旧额。

融资租入的固定资产，应当采用与自有应计提折旧资产相一致的折旧政策。能够合理确定租赁期届满时将会取得租赁资产所有权的，应当在租赁资产尚可使用年限内计提折旧；无法合理确定租赁期届满时能否取得租赁资产所有权的，应当在租赁期与租赁资产尚可使用年限两者中较短的期间内计提折旧。

处于更新改造过程停止使用的固定资产，应将其账面价值转入在建工程，不再计提折旧。更新改造项目达到预定可使用状态转为固定资产后，再按照重新确定的折旧方法和该项固定资产尚可使用寿命计提折旧。因进行大修理而停用的固定资产，应当照提折旧，计提的折旧额应计入相关资产成本或当期损益。

四、固定资产计提折旧的开始和终止

固定资产应当按月计提折旧，当月增加的固定资产，当月不计提折旧，从下月起计提折旧；当月减少的固定资产，当月仍然计提折旧，从下月起不再计提折旧。

固定资产提足折旧后，不论能否继续使用，均不再计提折旧；提前报废的固定资产，也不再补提折旧。提足折旧，是指已经提足该项固定资产的应计折旧额。应计折旧额，是指应当计提折旧的固定资产的原价扣除其预计净残值后的金额。已计提减值准备的固定资产，还应当扣除已计提的固定资产减值准备累计金额。

已达到预定可使用状态但尚未办理竣工决算的固定资产，应当按照估计价值确定其成本，并计提折旧；待办理竣工决算后，再按实际成本调整原来的暂估价值，但不需要调整原已计提的折旧额。

五、固定资产使用寿命、预计净残值和折旧方法的复核

由于固定资产的使用寿命长于一年，属于企业的非流动资产，企业至少应当于每年年度终了，对固定资产的使用寿命、预计净残值和折旧方法进行复核。

在固定资产使用过程中,其所处的经济环境、技术环境以及其他环境有可能对固定资产使用寿命和预计净残值产生较大影响。例如,固定资产使用强度比正常情况大大加强,致使固定资产实际使用寿命大大缩短;替代该项固定资产的新产品的出现致使其实际使用寿命缩短,预计净残值减少等。为真实反映固定资产为企业提供经济利益的期间及每期实际的资产消耗,企业至少应当于每年年度终了,对固定资产使用寿命和预计净残值进行复核。如有确凿证据表明,固定资产使用寿命预计数与原先估计数有差异,应当调整固定资产使用寿命;如果固定资产预计净残值预计数与原先估计数有差异,应当调整预计净残值。

固定资产使用过程中所处经济环境、技术环境以及其他环境的变化也可能导致与固定资产有关的经济利益的预期实现方式发生重大改变。如果固定资产给企业带来经济利益的方式发生重大变化,企业也应相应改变固定资产折旧方法。例如,某企业以前年度采用年限平均法计提固定资产折旧,此次年度复核中发现,与该固定资产相关的技术发生很大变化,年限平均法已很难反映该项固定资产给企业带来经济利益的方式,因此,决定变年限平均法为加速折旧法。

企业应当根据《企业会计准则第4号——固定资产》的规定,结合企业的实际情况,制定固定资产目录、分类方法、每类或每项固定资产的使用寿命、预计净残值、折旧方法等,并编制成册,根据企业的管理权限,经股东大会或董事会,或经理(厂长)会议或类似机构批准,按照法律、行政法规等的规定报送有关各方备案,同时备置于企业所在地,以供投资者等有关各方查阅。企业已经确定并对外报送,或备置于企业所在地的有关固定资产目录、分类方法、使用寿命、预计净残值、折旧方法等,一经确定不得随意变更,如需变更,仍然应按照上述程序,经批准后报送有关各方备案。

固定资产使用寿命、预计净残值和折旧方法的改变应作为会计估计变更,按照《企业会计准则第28号——会计政策、会计估计变更和差错更正》处理。

第二节　固定资产折旧的方法

企业应当根据与固定资产有关的经济利益的预期实现方式，合理选择折旧方法。可选用的折旧方法包括年限平均法、工作量法、双倍余额递减法和年数总和法等。企业选用不同的固定资产折旧方法，将影响固定资产使用寿命期间内不同时期的折旧费用，因此，固定资产的折旧方法一经确定，不得随意变更。如需变更应当符合《企业会计准则第4号——固定资产》的规定。

一、年限平均法

年限平均法又称直线法，是指将固定资产的可折旧价值平均分摊到固定资产预计使用寿命内的一种方法。采用这种方法计算的每期折旧额均相等。这种方法适用于在各个会计期间使用程度比较均衡的固定资产。其计算公式为：

年折旧额=（固定资产原值-预计净残值）/预计使用年限

月折旧额=年折旧额÷12

【例3-1】三木制造公司一台生产用设备原值为30 000元，预计清理费为1 200元，而预计残值为3 000元。使用年限为4年。那么用平均年限法怎么算折旧额呢？

年折旧额=[30 000-（3 000-1 200）]／4=（30 000-1 800）/4=7 050（元）

月折旧额=7 050÷12=587.50（元）

此项折旧应计入"制造费用"，因为那是生产用的，所以每期的分录如下：

　　借：制造费用　　　　　　　　　　　　　　　587.50
　　　　贷：累计折旧　　　　　　　　　　　　　　　587.50

采用年限平均法计算固定资产折旧虽然比较简便，但它也存在着一些明显的局限性。首先，固定资产在不同使用年限提供的经济效益是不同的。一般来讲，固定资产在其使用前期工作效率相对较高，所带来的经济利益也就多；而在其使用后期，工作效率一般呈下降趋势，因而，所带来的经济利益也就逐渐减少。年限平均法不予考虑，明显是不合理的。其次，固定资产在不同的使用年限发生的维修费用也不一样。固定资产的维修费用将随着其使用时间的延长而不断增加，而年限平均法也没有考虑这一因素。

当固定资产各期负荷程度相同时，各期应分摊相同的折旧费，这时采用年限平均法计算折旧是合理的。但是，如果固定资产各期负荷程度不同，采用年限平均法计算折旧时，则不能反映固定资产的实际使用情况，计提的折旧额与固定资产的损耗程度也不相符。

二、工作量法

工作量法又称作业量法，是根据固定资产在使用期间完成的总的工作量平均计算折旧的一种方法。工作量法和平均年限法都是平均计算折旧的方法，都属直线法。其计算公式为：

单位工作量折旧额=（固定资产原值–预计净残值）÷预计总工作量
　　　　　　　=固定资产原值×（1-预计净残值率）÷预计总工作量
月折旧额=单位工作量折旧额×当月实际完成工作量

在会计实务中，工作量法广泛应用于以下三种折旧方式：第一种，按照工作小时计算折旧；第二种，按行驶里程计算折旧；第三种，按台班计算折旧。

【例3-2】大华电器厂购置一台专用机床，价值200 000元，预计总工作小时数为300 000小时，预计净残值为20 000元，购置的当年便工作了2 400小时，则有：

每小时折旧额=（200 000–20 000）/ 300 000=0.6（元/小时）
当年的折旧额=2 400×0.6=1 440（元）

工作量法实际上也是直线法。它把产量与成本相联系，也就是把收入与费用相配。于是年末计提折旧时的会计分录如下：

　　借：制造费用　　　　　　　　　　　　　　1 440
　　　贷：累计折旧　　　　　　　　　　　　　　　　1 440

【例3-3】A公司有经理用的小汽车一辆，原值为150 000元，预计净残值率为5%，预计总行驶里程为600 000公里，当月行驶里程为3 000公里，该项固定资产的月折旧额计算如下：

单位里程折旧额=（150 000-150 000×5%）/ 600 000=0.2375（元/公里）
本月折旧额=3 000公里 ×0.2375元/公里=712.5（元）
因为这辆车是企业管理者作为管理用的，所以会计分录如下：
　　借：管理费用　　　　　　　　　　　　　　712.50
　　　贷：累计折旧　　　　　　　　　　　　　　　　712.50

三、双倍余额递减法

双倍余额递减法是加速折旧法的一种，是按直线法折旧率的两倍，乘以固定资产在每个会计期间的期初账面净值计算折旧的方法。在计算折旧率时通常不考虑固定资产残值。其计算公式为：

年折旧率（双倍直线折旧率）=（2÷预计使用年限）×100%
　年折旧额=期初固定资产账面净值×双倍直线折旧率

由于采用双倍余额递减法在确定折旧率时不考虑固定资产净残值因素，因此，在采用这种方法时，应注意以下两点：

第一，由于每年的折旧额是递减的，因而可能出现某年按双倍余额递减法所提折旧额小于按直线法计提的折旧额。当这一情况在某一折旧年度出现时，应换为按直线法计提折旧。

通常在下列条件成立时，换为直线法计提折旧：

该年按双倍余额递减法计算的折旧额<（当期固定资产期初账面净值-预计净残值）÷剩余使用年限

第二，各年计提折旧后，固定资产账面净值不能小于预计净残值。避免这一现象的方法是，在可能出现此现象的那一年转换为直线法，即将当年年初的固定资产账面净值减去预计净残值，其差额在剩余的使用年限中平均摊销。但在实际工作中，企业一般采用简化的办法，在固定资产预计耐用年限到期前两年转换成直线法。

【例 3-4】A 公司购入一部自动化生产线，安装完毕，固定资产原值为 200 000 元，预计使用年限为 5 年，预计净残值收入 8 000 元。该生产线按双倍余额递减法计算各年的折旧额如下：

双倍直线折旧率 =2/5×100% =40%

第一年应提折旧 =200 000×40% =80 000（元）

第二年应提折旧 =（200 000–80 000）×40% =48 000（元）

第三年应提折旧 =（120 000–48 000）×40% =72 000×40% =28 800（元）

第四年应提折旧 =（200 000–80 000–48 000–28 800–8 000）／2=17 600（元）

第五年应提折旧 =（200 000–80 000–48 000–28 800–8 000）／2=17 600（元）

可以看出折旧率 40% 是固定不变的。而每一期的期初账面余额是上一期的期末账面余额，每一期的折旧额都是递减的，但累计折旧总额却在增加。等到使用期的最后两年时，把此时的固定资产的账面价值减去预估残值进行均分，便是最后两年每一年的折旧额。

四、年数总和法

年数总和法是以固定资产的原值减去预计净残值后的净额为基数，以一个逐年递减的分数为折旧率，计算各年固定资产折旧额的一种折旧方法。

年数总和法的各年折旧率，是以固定资产尚可使用年限作分子，以固定资产使用年限的逐年数字之和作分母。假定固定资产使用年限为 n 年，分母即为 1+2+3+……+n=n（n+1）÷2。计算公式为：

年折旧率=尚可使用年限÷预计使用年限的逐年数字总和

年折旧额=（固定资产原值–预计净残值）×年折旧率

月折旧额=（固定资产原值–预计净残值）×月折旧率

【例3-5】美云公司一台小型机床，原值为50 000元，预计使用年限为5年，预计净残值为2 000元。分别用三种方法提折旧，用表3-1表示。

表3-1 三种折旧计提方法的比较

单位：元

年份	比较项目	直线法	双倍余额递减法	年限综合法
第1年	当年折旧基数	48 000	50 000	48 000
	年折旧率	1/5=20%	2/5=40%	5/（1+2+3+4+5）
	折旧额	9 600	20 000	16 000
第2年	当年折旧基数	48 000	30 000	48 000
	年折旧率	1/5=20%	2/5=40%	4/（1+2+3+4+5）
	折旧额	9 600	12 000	12 800
第3年	当年折旧基数	48 000	18 000	48 000
	年折旧率	1/5=20%	2/5=40%	3/（1+2+3+4+5）
	折旧额	9 600	7 200	9 600
第4年	当年折旧基数	48 000	10 800	48 000
	年折旧率	1/5=20%	0.5	2/（1+2+3+4+5）
	折旧额	9 600	5 400	6 400
第5年	当年折旧基数	48 000	10 800	48 000
	年折旧率	1/5=20%	0.5	1/（1+2+3+4+5）
	折旧额	9 600	5 400	3 200

注：双倍余额递减法计算折旧，初期不考虑净残值，在最后2年才涉及净残值，且平摊剩余的。

（1）直线法折旧，折旧额每年都相等。其余两种方法，双倍余额递减法是折旧率不变，余额递减，相乘后得出递减的折旧额；而年限总和法是用递减的折旧率乘以固定的基数，也得出递减的折旧额。

（2）双倍余额递减法，在使用的最后2年，用原值减去累计折旧再减去净残值后的额，二一添作五，分别平摊在最后2年，最后两年不涉及折旧率的问题。

（3）5年后，每种方法的账面都会剩余净残值2 000元。

双倍余额递减法和年数总和法都属于加速折旧法，其特点是在固定资产使用的早期多提折旧，后期少提折旧，其递减的速度逐年加快，从而相对加快折旧的速度，目的是使固定资产成本在估计使用寿命内加快得到补偿。

五、固定资产折旧的会计处理

固定资产应当按月计提折旧，计提的折旧应通过"累计折旧"科目核算，并根据用途计入相关资产的成本或者当期损益。

（1）企业基本生产车间所使用的固定资产，其计提的折旧应计入制造费用。

（2）管理部门所使用的固定资产，其计提的折旧应计入管理费用。

（3）销售部门所使用的固定资产，其计提的折旧应计入销售费用。

（4）自行建造固定资产过程中使用的固定资产，其计提的折旧应计入在建工程成本。

（5）经营租出的固定资产，其计提的折旧额应计入其他业务成本。

（6）未使用的固定资产，其计提的折旧应计入管理费用。

【例3-6】华明公司2×21年5月固定资产计提折旧情况如下：

第一生产车间厂房计提折旧55 000元，机器设备计提折旧80 000元。

管理部门房屋建筑物计提折旧110 000元，运输工具计提折旧36 000元。

销售部门房屋建筑物计提折旧55 000元，运输工具计提折旧62 200元。

此外，本月第一生产车间新购置一台设备，原价为1 220 000元，预计使用寿命10年，预计净残值10 000元，按年限平均法计提折旧。

本例中，新购置的设备本月不提折旧，应从2×21年6月开始计提折旧。华明公司2×21年6月计提折旧的账务处理如下：

借：制造费用——第一生产车间		135 000
管理费用		146 000
销售费用		117 200
贷：累计折旧		398 200

第四章
固定资产后续计量

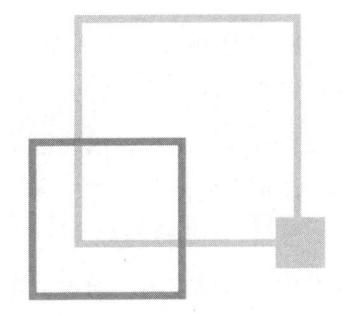

第一节　固定资产后续支出

一、固定资产后续支出的概念

固定资产的后续支出,是指固定资产使用过程中发生的更新改造支出、修理费用等。企业的固定资产投入使用后,为了适应新技术发展的需要,或者为维护或提高固定资产的使用效能,往往需要对现有固定资产进行维护、改建、扩建或者改良。

二、固定资产后续支出的处理原则

后续支出的处理原则为:符合固定资产确认条件的,应当计入固定资产成本,同时将被替换部分的账面价值扣除;不符合固定资产确认条件的,应当计入当期损益。

三、资本化的后续支出

固定资产发生可资本化的后续支出时,企业一般应将该固定资产的原价、已计提的累计折旧和减值准备转销,将固定资产的账面价值转入在建工程,并在此基础上重新确定固定资产原价。因已转入在建工程,因此停止计提折旧。在固定资产发生的后续支出完工并达到预定可使用状态时,再从在建工程转为固定资产,并按重新确定的固定资产原价、使用寿命、预计净残值和折旧方法计提折旧。固定资产发生的可资本化的后续支出,通过"在建工程"科目核算。

【例4-1】三木制造公司是一家从事金属产品制造的企业,2×20新建一条不锈钢器材生产线，有关会计资料如下：

（1）2×20年12月，该公司自行建成了一条不锈钢器材生产线并投入使用，建造成本为568 000元；采用年限平均法计提折旧；预计净残值率为固定资产原价的3%，预计使用年限为6年。

（2）2×23年1月1日，由于生产的产品适销对路，现有生产线的生产能力已难以满足公司生产发展的需要，但若新建生产线成本过高、周期过长，于是公司决定对现有生产线进行改扩建，以提高其生产能力。

（3）2×23年1月1日~3月31日，经过3个月的改扩建，完成了对该不锈钢器材生产线的改扩建工程，共发生支出268 900元，全部以银行存款支付。

（4）该生产线改扩建工程达到预定可使用状态后，大大提高了生产能力，预计尚可使用年限为7年9个月。假定改扩建后的生产线的预计净残值率为改扩建后固定资产账面价值的3%；折旧方法仍为年限平均法。

（5）为简化计算，不考虑其他相关税费，公司按年度计提固定资产折旧。

三木制造公司的账务处理如下：

（1）2×21年1月1日~2×22年12月31日两年间，即固定资产后续支出发生前，该条生产线的应计折旧额为550 960元 [568 000×（1-3%）]，年折旧额为91 826.67元（550 960÷6），各年计提固定资产折旧的账务处理为：

　　借：制造费用　　　　　　　　　　　　　　　91 826.67
　　　　贷：累计折旧　　　　　　　　　　　　　　　　91 826.67

（2）2×23年1月1日，该生产线的账面价值为384 346.66元 [568 000-（91 826.67×2）]，该生产线转入改扩建时的账务处理为：

　　借：在建工程　　　　　　　　　　　　　　　384 346.66
　　　　累计折旧　　　　　　　　　　　　　　　183 653.34
　　　　贷：固定资产——生产线　　　　　　　　　　568 000.00

（3）2×23年1月1日~3月31日，发生固定资产后续支出的账务处理为：

　　借：在建工程　　　　　　　　　　　　　　　268 900
　　　　贷：银行存款　　　　　　　　　　　　　　　　268 900

（4）2×23年3月31日，生产线改扩建工程达到预定可使用状态，将后续支出全部资本化后的生产线账面价值为653 246.66元（384 364.66 + 268 900），其账务处理为：

借：固定资产——生产线　　　　　　　　　653 246.66
　　贷：在建工程　　　　　　　　　　　　　　653 246.66

（5）2×23年3月31日，生产线改扩建工程达到预定可使用状态后，其每年应计提的折旧额为81 761.19元，每年计提固定资产折旧的账务处理为：

每年应计提的折旧额 =[653 246.66×（1-3%）÷（7×12+9）×12] = 81 761.19

借：制造费用　　　　　　　　　　　　　　81 761.19
　　贷：累计折旧　　　　　　　　　　　　　　81 761.19

企业在发生可资本化的固定资产后续支出时，可能涉及替换固定资产的某个组成部分。如果满足固定资产的确认条件，应当将用于替换的部分资本化，计入固定资产账面价值，同时终止确认被替换部分的账面价值，以避免将替换部分的成本和被替换部分的账面价值同时计入固定资产成本。在实务中，如果企业不能确定被替换部分的账面价值，可将替换部分的成本视为被替换部分的账面价值。

【例4-2】2×20年12月，华明公司采用出包方式建造的营业厅达到预定可使用状态投入使用，并结转固定资产成本1 800 000元。该营业厅内有一部电梯，成本为200 000元，未单独确认为固定资产。2×21年1月，为吸引顾客，华明公司决定更换一部观光电梯。支付的新电梯购买价款为320 000元（含增值税税额，适用的增值税税率为13%），另发生安装费用31 000元，以银行存款支付；旧电梯的回收价格为100 000元，款项尚未收到。假定营业厅的年折旧率为3%，净残值率为3%。

华明公司的账务处理如下：

（1）2×21年1月，购入观光电梯一部。

借：工程物资　　　　　　　　　　　　　　320 000
　　贷：银行存款　　　　　　　　　　　　　　320 000

（2）2×21年1月，将营业厅的账面价值转入在建工程。

营业厅的累计折旧金额=1 800 000×（1-3%）×3%×8=419 040（元）

  借：在建工程   1 380 960

    累计折旧   419 040

    贷：固定资产   1 800 000

（3）2×21年1月，转销旧电梯的账面价值。

旧电梯的账面价值=200 000-200 000÷1 800 000×419 040=153 440（元）

  借：其他应收款   100 000

    营业外支出   53 440

    贷：在建工程   153 440

（4）2×21年1月，安装新电梯。

  借：在建工程   351 000

    贷：工程物资   320 000

      银行存款   31 000

（5）电梯安装完毕达到预定可使用状态投入使用。

  借：固定资产   1 578 520

    贷：在建工程   1 578 520

四、费用化的后续支出

  一般情况下，固定资产投入使用之后，由于固定资产磨损、各组成部分耐用程度不同，可能会导致固定资产的局部损坏，为了维持固定资产的正常运转和使用，充分发挥其使用效能，企业会对固定资产进行必要的维护。固定资产的日常维护支出只是确保固定资产的正常工作状况，通常不满足固定资产的确认条件，应在发生时计入管理费用或销售费用，不得采用预提或待摊方式处理。

  【例4-3】2×21年1月23日，华明公司对某办公楼进行修理，修理过程中领用原材料一批，价值为120 000元，为购买该批原材料支付的增值税进项税额为15 600元；应支付维修人员薪酬为43 320元。

华明公司的账务处理如下：
　　借：管理费用　　　　　　　　　　　　　　　　178 920
　　　贷：原材料　　　　　　　　　　　　　　　　　120 000
　　　　　应交税费——应交增值税（进项税额转出）　15 600
　　　　　应付职工薪酬　　　　　　　　　　　　　　43 320

五、具体实务

在具体实务中，对于固定资产发生的下列各项后续支出，通常的处理方法为：

（1）固定资产修理费用，应当直接计入当期费用。

（2）固定资产改良支出，应当计入固定资产账面价值。

（3）如果不能区分是固定资产修理还是固定资产改良，或固定资产修理和固定资产改良结合在一起，则企业应当判断，与固定资产有关的后续支出，是否满足固定资产的确认条件。如果该后续支出满足了固定资产的确认条件，后续支出应当计入固定资产账面价值；否则，后续支出应当确认为当期费用。

（4）固定资产装修费用，如果满足固定资产的确认条件，装修费用应当计入固定资产账面价值，并在"固定资产"科目下单设"固定资产装修"明细科目进行核算，在两次装修间隔期间与固定资产尚可使用年限两者中较短的期间内，采用合理的方法单独计提折旧。如果在下次装修时，与该项固定资产相关的"固定资产装修"明细科目仍有账面价值，应将该账面价值一次全部计入当期营业外支出。

【例4-4】2×20年1月25日，华明公司对所属一家商场进行装修，发生如下有关支出：领用生产用原材料40 000元，购进该批原材料时支付的增值税进项税额为5 200元；辅助生产车间为商场装修工程提供的劳务支出为14 660元；发生有关人员薪酬29 640元。2×20年12月26日，商场装修完工，达到预定可使用状态交付使用，华明公司预计下次装修时间为2×31年12月。2×23年12月31日，华明公司决定对该商场重新进行装修。假定该商场的装修支出符合固定资产确认条件，该商场预计尚可使用年限为 6 年，装修形成的固定资产预计净残值为 1 100 元，采用直线法计提折旧，不考虑其他因素。

华明公司的账务处理如下：

（1）装修领用原材料。

  借：在建工程   45 200
    贷：原材料   40 000
      应交税费——应交增值税（进项税额转出） 5 200

（2）辅助生产车间为装修工程提供劳务。

  借：在建工程   14 660
    贷：生产成本——辅助生产成本   14 660

（3）发生工程人员薪酬。

  借：在建工程   29 640
    贷：应付职工薪酬   29 640

（4）装修工程达到预定可使用状态交付使用。

  借：固定资产——固定资产装修   89 500
    贷：在建工程   89 500

（5）2×21 年度计提装修形成的固定资产折旧。

因下次装修时间为 2×31 年 12 月，大于固定资产预计尚可使用年限 6 年，因此，应按固定资产预计尚可使用年限 6 年计提折旧。

  借：管理费用   14 733
    贷：累计折旧   14 733

（6）2×23 年 12 月 31 日重新装修。

  借：营业外支出   45 301
    累计折旧   44 199
    贷：固定资产——固定资产装修   89 500

（5）融资租入固定资产发生的固定资产后续支出，比照上述原则处理。发生的固定资产装修费用等，满足固定资产确认条件的，应在两次装修间隔期间、剩余租赁期与固定资产尚可使用年限三者中较短的期间内，采用合理的方法单独计提折旧。

（6）经营租入固定资产发生的改良支出，应通过"长期待摊费用"科目核算，并在剩余租赁期与租赁资产尚可使用年限两者中较短的期间内，采用合理的方法进行摊销。

【例4-5】2×20年8月20日，华明公司对采用经营租赁方式租入的一条生产线进行改良，发生如下有关支出：领用生产用原材料24 000元，购进该批原材料时支付的增值税进项税额为3 120元；辅助生产车间为生产线改良提供的劳务支出为2 560元；发生有关人员薪酬54 720元。2×22年12月31日，生产线改良工程完工，达到预定可使用状态交付使用。假定该生产线预计尚可使用年限为6年，剩余租赁期为5年；采用直线法摊销；不考虑其他因素。

华明公司的账务处理如下：

（1）改良工程领用原材料。

  借：在建工程   27 120
    贷：原材料   24 000
      应交税费——应交增值税（进项税额转出） 3 120

（2）辅助生产车间为改良工程提供劳务。

  借：在建工程   2 560
    贷：生产成本——辅助生产成本   2 560

（3）发生工程人员薪酬。

  借：在建工程   54 720
    贷：应付职工薪酬   54 720

（4）改良工程达到预定可使用状态交付使用。

  借：长期待摊使用   84 400
    贷：在建工程   84 400

（5）2×22年度摊销。

因生产线预计尚可使用年限为6年，剩余租赁期为5年，因此，应按剩余租赁期5年摊销。

  借：制造费用   16 880

贷：长期待摊费用　　　　　　　　　　　　　　　　16 880

【例4-6】三木制造公司是一家在上海证券交易所发行股票的企业，其主要从事金属产品的制造，属于增值税一般纳税企业，适用的增值税税率为13%。其有关业务资料如下：

（1）2×20年12月1日，公司购入一条需要安装的生产线，取得的增值税专用发票上注明的生产线价款为10 000 000元，增值税税额为1 300 000元；发生保险费25 000元，款项均以银行存款支付；没有发生其他相关税费。

（2）2×20年12月1日，公司开始以自营方式安装该生产线。安装期间领用生产用原材料的实际成本和计税价格均为100 000元，发生安装工人薪酬50 000元，没有发生其他相关税费。该原材料没有计提存货跌价准备。

（3）2×20年12月31日，该生产线达到预计可使用状态，当日投入使用。该生产线预计使用年限为6年，预计净残值为132 000元，采用直线法计提折旧。

（4）2×21年12月31日，公司在对该生产线进行检查时发现其已经发生减值，可收回金额为8 075 600元。

（5）2×22年1月1日，该生产线预计尚可使用年限为5年，预计净残值为125 600元，采用直线法计提折旧。

（6）2×22年6月30日，公司采用出包方式对该生产线进行改良。当日，该生产线停止使用，开始进行改良。在改良过程中，公司以银行存款支付工程总价款1 221 400元。

（7）2×22年8月20日，改良工程完工验收合格并于当日投入使用，预计尚可使用年限为8年，预计净残值为102 000元，采用直线法计提折旧。2×22年12月31日，该生产线未发生减值。

三木制造公司的账务处理如下：

（1）2×20年12月1日，购入生产线。

　　借：在建工程　　　　　　　　　　　　　　　11 325 000
　　　　贷：银行存款　　　　　　　　　　　　　　　11 325 000

（2）2×20年12月，安装该生产线。

借：在建工程 163 000
 贷：原材料 100 000
  应交税费——应交增值税（销项税额） 13 000
  应付职工薪酬 50 000

（3）2×20年12月31日，生产线达到预定可使用状态投入使用。

借：固定资产 11 488 000
 贷：在建工程 11 488 000

（4）2×21年度计提折旧。

生产线2007年度折旧额＝（11 488 000－132 000）÷6＝1 892 667（元）

借：制造费用 1 892 667
 贷：累计折旧 1 892 667

（5）2×21年12月31日，确认减值损失。

生产线应确认的减值损失＝（11 488 000－1 892 667）－8 075 600＝1 519 733（元）

借：资产减值损失 1 519 733
 贷：固定资产减值准备 1 519 733

（6）2×22年上半年计提折旧。

2×22年上半年折旧额＝（8 075 600－125 600）÷5÷2＝795 000（元）

借：制造费用 795 000
 贷：累计折旧 795 000

（7）2×22年6月30日，将生产线转入改良。

借：在建工程 7 280 600
 累计折旧 2 755 000
 固定资产减值准备 1 856 400
  贷：固定资产 11 892 000

借：在建工程 1 221 400
 贷：银行存款 1 221 400

（8）2×22年8月20日，改良工程完工达到预定可使用状态投入使用。

借：固定资产 8 502 000
 贷：在建工程 8 502 000

(9) 2×22年生产线改良后计提折旧。

2×22年生产线改良后折旧额=(8 502 000-102 000)÷8÷12×4=350 000(元)

借：制造费用　　　　　　　　　　　　　　350 000
　　贷：累计折旧　　　　　　　　　　　　　　　　350 000

第二节　固定资产处置

一、固定资产终止确认的条件

固定资产处置，包括固定资产的出售、转让、报废和毁损、对外投资、非货币性资产交换、债务重组等。

固定资产满足下列条件之一的，应当予以终止确认：

（1）该固定资产处于处置状态。处于处置状态的固定资产不再用于生产商品、提供劳务、出租或经营管理，因此不再符合固定资产的定义，应予终止确认。

（2）该固定资产预期通过使用或处置不能产生经济利益。固定资产的确认条件之一是"与该固定资产有关的经济利益很可能流入企业"，如果一项固定资产预期通过使用或处置不能产生经济利益，那么，它就不再符合固定资产的定义和确认条件，应予终止确认。

二、固定资产出售、报废或毁损的会计处理

企业出售、转让、报废固定资产或发生固定资产毁损，应当将处置收入扣除账面价值和相关税费后的金额计入当期损益。固定资产的账面价值是固定资产成本扣减累计折旧和累计减值准备后的金额。固定资产处置一般通过"固定资产清理"科目核算。

企业因出售、转让、报废或毁损、对外投资、非货币性资产交换、债务重组等处置固定资产，其会计处理一般经过以下五个步骤：

（1）固定资产转入清理。固定资产转入清理时，按固定资产账面价值，借记"固定资产清理"科目，按已计提的累计折旧，借记"累计折旧"科目，按已计提的减值准备，借记"固定资产减值准备"科目，按固定资产账面余额，贷记"固定资产"科目。

（2）发生的清理费用。固定资产清理过程中发生的有关费用以及应支付的相关税费，借记"固定资产清理"科目，贷记"银行存款""应交税费"等科目。

（3）出售收入和残料等的处理。企业收回出售固定资产的价款、残料价值和变价收入等，应冲减清理支出。按实际收到的出售价款以及残料变价收入等，借记"银行存款""原材料"等科目，贷记"固定资产清理""应交税费——应交增值税"等科目。

（4）保险赔偿的处理。企业计算或收到的应由保险公司或过失人赔偿的损失，应冲减清理支出，借记"其他应收款""银行存款"等科目，贷记"固定资产清理"科目。

（5）清理净损益的处理。固定资产清理后的净收益，区别情况处理：属于筹建期间的，冲减长期待摊费用，借记"固定资产清理"科目，贷记"长期待摊费用"科目；属于生产经营期间的，计入损益，借记"固定资产清理"科目，贷记"营业外收入——处置固定资产净收益"科目；固定资产清理后的净损失，区别情况处理：属于筹建期间的，计入长期待摊费用，借记"长期待摊费用"科目，贷记"固定资产清理"科目；属于生产经营期间由于自然灾害等非正常原因造成的损失，借记"营业外支出——非常损失"科目，贷记"固定资产清理"科目；属于生产经营期间正常的处理损失，借记"营业外支出——处置固定资产净损失"科目，贷记"固定资产清理"科目。

【例4-7】三木制造公司出售一幢闲置厂房。该房屋账面原始价值200 000元，已提折旧110 000元；取得出售价款110 000元。该厂房已计提减值准备10 000元，不考虑相关税费，有关会计处理为：

（1）注销出售固定资产价值。

借：固定资产清理　　　　　　　　　　　　80 000
　　　　累计折旧　　　　　　　　　　　　　　110 000
　　　　固定资产减值准备　　　　　　　　　　10 000
　　　　贷：固定资产　　　　　　　　　　　　　　　200 000
（2）取得清理收入。
　　借：银行存款　　　　　　　　　　　　　　110 000
　　　　贷：固定资产清理　　　　　　　　　　　　　110 000
（3）结转清理净收益。
　　借：固定资产清理　　　　　　　　　　　　30 000
　　　　贷：营业外收入——固定资产清理收益　　　　30 000

三、持有待售的固定资产

　　同时满足下列条件的非流动资产（包括固定资产）应当划分为持有待售：一是企业已经就处置该非流动资产作出决议，二是企业已经与受让方签订了不可撤销的转让协议，三是该项转让将在一年内完成。持有待售的非流动资产包括单项资产和处置组，处置组是指作为整体出售或其他方式一并处置的一组资产。处置组通常是一组资产组、一个资产组或某个资产组中的一部分。如果处置组是一个资产组，并且按照《企业会计准则第 8 号——资产减值》的规定将企业合并中取得的商誉分摊至该资产组，或者该资产组是这种资产组中的一项经营，则该处置组应当包括企业合并中取得的商誉。

　　企业对于持有待售的固定资产，应当调整该项固定资产的预计净残值，使该项固定资产的预计净残值能够反映其公允价值减去处置费用后的金额，但不得超过符合持有待售条件时该项固定资产的原账面价值，原账面价值高于预计净残值的差额，应作为资产减值损失计入当期损益。企业应当在报表附注中披露持有待售的固定资产名称、账面价值、公允价值、预计处置费用和预计处置时间等。持有待售的固定资产不计提折旧，按照账面价值与公允价值减去处置费用后的净额孰低计量。

　　某项资产或处置组被划归为持有待售，但后来不再满足持有待售的固定资产的确认条件，企业应当停止将其划归为持有待售，并按照下列两项金额中较低者计量：

（1）该资产或处置组被划归为持有待售之前的账面价值，按照其假定在没有被划归为持有待售的情况下原应确认的折旧、摊销或减值进行调整后的金额。

（2）决定不再出售之日的可收回金额。

符合持有待售条件的无形资产等其他非流动资产，比照上述原则处理。这里所指的其他非流动资产不包括递延所得税资产、《企业会计准则第22号——金融工具确认和计量》规范的金融资产、以公允价值计量的投资性房地产和生物资产、保险合同中产生的合同权利等。

第三节　固定资产清查

为了保证固定资产核算的真实性，企业应定期或者至少于每年年末对固定资产进行清查盘点，以保证固定资产核算的真实性，充分挖掘企业现有固定资产的潜力。在固定资产清查过程中，如果发现盘盈、盘亏的固定资产，应填制固定资产盘盈盘亏报告表。清查固定资产的损益，应及时查明原因，并按照规定程序报批处理。

企业盘盈、盘亏的固定资产，在审批之前，应调整固定资产的账面价值，作为企业的待处理财产损溢，在报经有关部门审批之后，作为营业外收支处理。为此，固定资产盘盈、盘亏应通过"待处理财产损溢"科目所属"待处理固定资产损溢"二级科目进行核算。期末，对于尚未审批的盘盈、盘亏的固定资产，应进行处理。如果审批数与处理数不一致，再进行调整。

一、固定资产的盘盈

在固定资产清查过程中发现的盘盈固定资产，经查明确属企业所有，应确定固定资产重置价值，并为其重新建立固定资产卡片。

企业盘盈的固定资产，在批准处理之前，应根据重置价值借记"固定资产"科目,贷记"待处理财产损溢"科目;待有关部门审批之后,应借记"待处理财产损溢"科目,贷记"营业外收入"科目。

【例4-8】某钢厂年末对资产进行清查时,发现未入账的设备一台,现若重新购入同样一台新设备要花120 000元,预计使用年限10年。此设备估计已使用2年,预计净残值率为5%。每年应计折旧额为(120 000-120 000×5%)÷10=11 400元,已提折旧额为22 800元,编制会计分录如下:

借:固定资产　　　　　　　　　　　　　　120 000
　　贷:累计折旧　　　　　　　　　　　　　　22 800
　　　　待处理财产损溢　　　　　　　　　　97 200

盘盈的设备报经批准后转账时,分录如下:

借:待处理财产损溢　　　　　　　　　　　　97 200
　　贷:以前年度损益调整　　　　　　　　　　97 200

二、固定资产盘亏

固定资产是一种价值较高、使用期限较长的有形资产,因此,对于管理规范的企业而言,盘盈、盘亏的固定资产较为少见。企业应当健全制度,加强管理,定期或者至少于每年年末对固定资产进行清查盘点,以保证固定资产核算的真实性和完整性。如果清查中发现固定资产损溢的应及时查明原因,在期末结账前处理完毕。

固定资产盘亏造成的损失,应当计入当期损益。企业在财产清查中盘亏的固定资产,按盘亏固定资产的账面价值借记"待处理财产损溢——待处理固定资产损溢"科目,按已计提的累计折旧,借记"累计折旧"科目,按已计提的减值准备,借记"固定资产减值准备"科目,按固定资产原价,贷记"固定资产"科目。按管理权限报经批准后处理时,按可收回的保险赔偿或过失人赔偿,借记"其他应收款"科目,按应计入营业外支出的金额,借记"营业外支出——盘亏损失"科目,贷记"待处理财产损溢"科目。

【例4-9】大华家具公司于2×19年9月22日进行了一次资产清产,清查之后发现盘亏一台原值为 50 000 元，经查账发现此台设备已提折旧为 24 000 元。请对以上经济业务编制会计分录：

  借：待处理财产损溢   26 000
    累计折旧   24 000
   贷：固定资产   50 000

上报上级主管部门后批准转入"营业外支出"，编制会计分录：

  借：营业外支出   26 000
   贷：待处理财产损溢   26 000

第四节　固定资产减值

  固定资产在资产负债表日存在可能发生减值的迹象时，其可收回金额低于账面价值的，企业应当将该固定资产的账面价值减记至可收回金额，减记的金额确认为减值损失，计入当期损益，同时计提相应的资产减值准备，借记"资产减值损失——计提的固定资产减值准备"科目，贷记"固定资产减值准备"科目。固定资产减值损失一经确认，在以后会计期间不得转回。

  【例 4-10】2×19 年 12 月 31 日，丁公司的某生产线存在可能发生减值的迹象。经计算，该机器的可收回金额合计为 1 230 000 元，账面价值为 1 400 000 元，以前年度对该生产线计提过减值准备。

  由于该生产线的可收回金额为 1 230 000 元，账面价值为 1 400 000 元，可收回金额低于账面价值，应按两者之间的差额 170 000 元（1 400 000-1 230 000）计提固定资产减值准备。丁公司应作如下会计处理：

  借：资产减值损失——计提的固定资产减值准备 170 000
   贷：固定资产减值准备   170 000

第五章
投资性房地产

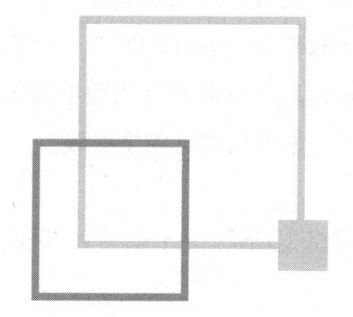

第一节　投资性房地产的特征与范围

一、投资性房地产的定义及特征

投资性房地产，是指为赚取租金或资本增值，或者两者兼有而持有的房地产。

投资性房地产主要有以下特征。

（一）投资性房地产是一种经营性活动

投资性房地产的主要形式是出租建筑物、出租土地使用权，这实质上属于一种让渡资产使用权行为。房地产租金就是让渡资产使用权取得的使用费收入，是企业为完成其经营目标所从事的经营性活动以及与之相关的其他活动形成的经济利益的总流入。投资性房地产的另一种形式是持有并准备增值后转让的土地使用权，尽管其增值收益通常与市场供求、经济发展等因素相关，但是为了增值后转让以赚取增值收益，也是企业为完成其经营目标所从事的经营性活动以及与之相关的其他活动形成的经济利益的总收入。根据税法的规定，企业房地产出租、国有土地使用权增值后转让均属于一种经营活动，其取得的房地产租金收入或国有土地使用权转让收益应当缴纳营业税等。在我国实务中，持有并准备增值后转让的土地使用权这种情况较少。

（二）投资性房地产区别于作为生产经营场所和用于销售的房地产

投资性房地产在用途、状态、目的等方面区别于作为生产经营场所的房地产和用于销售的房地产。企业持有的房地产除了用作生产经营活动场所和对外销售之外，出现了将房地产用于赚取租金或增值收益的活动，甚至是个别企业的主营业务。这就需要将投资性房地产单独作为一项资产核算和反映，与自用的厂房、办公楼等房地产和作为存货（已建完工商品房）的房地产加以区别，从而更加清晰地反映企业所持有房地产的构成情况和盈利能力。企业在首次执行投资性房地产准则时，应当根据投资性房地产的定义对企业资产重新分类，凡是符合投资性房地产定义和确认条件的建筑物和土地使用权，应当归为投资性房地产。

（三）投资性房地产有两种后续计量模式

企业通常应当采用成本模式对投资性房地产进行后续计量，只有在满足特定条件的情况下，即有确凿证据表明其所有投资性房地产的公允价值能够持续可靠取得的，才可以采用公允价值模式进行后续计量。也就是说，投资性房地产准则适当引入公允价值模式，在满足特定条件的情况下，可以对投资性房地产采用公允价值模式进行后续计量。但是，同一企业只能采用一种模式对所有投资性房地产进行后续计量，不得同时采用两种计量模式进行后续计量。

二、投资性房地产的范围

投资性房地产的范围包括：已出租的土地使用权、持有并准备增值后转让的土地使用权、已出租的建筑物。

（一）已出租的土地使用权

已出租的土地使用权，是指企业通过出让或转让方式取得的、以经营租赁方式出租的土地使用权。企业取得的土地使用权通常包括在一级市场上以交纳土地出让金的方式取得土地使用权，也包括在二级市场上接受其他单位转让的土地使用权。例如，华明公司与宏业公司签署了土地使用权租赁协议，华明公司以年租金 7 200 000 元租赁使用宏业公司拥有的 400 000 平方米土地使用权。那么，自租赁协议约定的租赁期开始日起，这项土地使用权属于宏业公司的投资性房地产。

对于以经营租赁方式租入土地使用权再转租给其他单位的，不能确认为投资性房地产。

（二）持有并准备增值后转让的土地使用权

持有并准备增值后转让的土地使用权，是指企业取得的、准备增值后转让的土地使用权。这类土地使用权很可能给企业带来资本增值收益，符合投资性房地产的定义。例如，企业发生转产或厂址搬迁，部分土地使用权停止自用，企业管理当局（董事会或类似机构）作出书面决议明确继续持有这部分土地使用权，待其增值后转让以赚取增值收益。

企业依法取得土地使用权后，应当按照国有土地有偿使用合同或建设用地批准书规定的期限动工开发建设。根据1999年4月26日原国土资源部发布的《闲置土地处理办法》（国土资源部令第53号）的规定，土地使用者依法取得土地使用权后，未经原批准用地的人民政府同意，超过规定的期限未动工开发建设的建设用地属于闲置土地。具有下列情形之一的，也可以认定为闲置土地：

（1）国有土地有偿使用合同或者建设用地批准书未规定动工开发建设日期，自国有土地有偿使用合同生效或者土地行政主管部门建设用地批准书颁发之日起满1年未动工开发建设的。

（2）已动工开发建设但开发建设的面积占应动工开发建设总面积不足1/3或者已投资额占总投资额不足25%且未经批准中止开发建设连续满1年的。

（3）法律、行政法规规定的其他情形。

《闲置土地处理办法》还规定，经法定程序批准，对闲置土地可以选择延长开发建设时间（不超过1年），改变土地用途，办理有关手续后继续开发建设等处置方案。

按照国家有关规定认定的闲置土地不属于持有并准备增值后转让的土地使用权，也就不属于投资性房地产。

（三）已出租的建筑物

已出租的建筑物是指企业拥有产权、以经营租赁方式出租的建筑物，包括自行建造或开发活动完成后用于出租的建筑物。

（1）用于出租的建筑物是指企业拥有产权的建筑物。企业以经营租赁方式租入再转租的建筑物不属于投资性房地产。

（2）已出租的建筑物是企业已经与其他方签订了租赁协议，约定以经营租赁方式出租的建筑物。一般应自租赁协议规定的租赁期开始日起，经营租出的建筑物才属于已出租的建筑物。通常情况下，对企业持有以备经营出租的空置建筑物，如董事会或类似机构作出书面决议，明确表明将其用于经营出租且持有意图短期内不再发生变化的，即使尚未签订租赁协议，也应视为投资性房地产。这里的空置建筑物，是指企业新购入，自行建造或开发完工但尚未使用的建筑物，以及不再用于日常生产经营活动且经整理后达到可经营出租状态的建筑物。

（3）企业将建筑物出租，按租赁协议向承租人提供的相关辅助服务在整个协议中不重大的，应当将该建筑物确认为投资性房地产。

此外，下列项目不属于投资性房地产。

1. 自用房地产

自用房地产是指为生产商品、提供劳务或者经营管理而持有的房地产。如企业生产经营用的厂房和办公楼属于固定资产；企业生产经营用的土地使用权属于无形资产。自用房地产的特征在于服务于企业自身的生产经营活动，其价值将随着房地产的使用而逐渐转移到企业的产品或服务中，通过销售商品或提供服务为企业带来经济利益，在产生现金流量的过程中与企业持有的其他资产密切相关。例如，企业出租给本企业职工居住的宿舍，虽然也收取租金，但间接为企业自身的生产经营服务，因此具有自用房地产的性质。又如，企业拥有并自行经营的旅馆饭店。旅馆饭店的经营者在向顾客提供住宿服务的同时，还提供餐饮、娱乐等其他服务，其经营目的主要是通过向客户提供服务取得服务收入。因此，企业自行经营的旅馆饭店是企业的经营场所，应当属于自用房地产。

2. 作为存货的房地产

作为存货的房地产通常是指房地产开发企业在正常经营过程中销售的或为销售而正在开发的商品房和土地。这部分房地产属于房地产开发企业的存货，其生产、销售构成企业的主营业务活动，产生的现金流量也与企业的其他资产密切相关。因此,具有存货性质的房地产不属于投资性房地产。

从事房地产经营开发的企业依法取得的、用于开发后出售的土地使用权,属于房地产开发企业的存货,即使房地产开发企业决定待增值后再转让其开发的土地,也不得将其确认为投资性房地产。

在实务中,存在某项房地产部分自用或作为存货出售、部分用于赚取租金或资本增值的情形。如某项投资性房地产不同用途的部分能够单独计量和出售的,应当分别确认为固定资产、无形资产、存货和投资性房地产。例如,某房地产开发公司建造了一栋商住两用楼盘,一层出租给一家大型超市,已经签订经营租赁合同;其余楼层均为普通住宅,正在公开销售中。这种情况下,如果一层商铺能够单独计量和出售,应当确认为该企业的投资性房地产,其余楼层为华明企业的存货,即开发产品。

第二节 投资性房地产的确认和初始计量

一、投资性房地产的确认和初始计量

投资性房地产只有在符合定义的前提下,同时满足下列条件的,才能予以确认:

(1) 与该投资性房地产有关的经济利益很可能流入企业。

(2) 该投资性房地产的成本能够可靠地计量。

对已出租的土地使用权、已出租的建筑物,其作为投资性房地产的确认时点一般为租赁期开始日,即土地使用权、建筑物进入出租状态、开始赚取租金的日期。但对企业持有以备经营出租的空置建筑物,董事会或类似机构作出书面决议,明确表明将其用于经营出租且持有意图短期内不再发生变化的,即使尚未签订租赁协议,也应视为投资性房地产。

这里的"空置建筑物"是指企业新购入、自行建造或开发完工但尚未使用的建筑物，以及不再用于日常生产经营活动且经整理后达到可经营出租状态的建筑物。对持有并准备增值后转让的土地使用权，其作为投资性房地产的确认时点为企业将自用土地使用权停止自用，准备增值后转让的日期。

投资性房地产应当按照成本进行初始计量。

（一）外购投资性房地产的确认和初始计量

在采用成本模式计量下，外购的土地使用权和建筑物，按照取得时的实际成本进行初始计量，借记"投资性房地产"科目，贷记"银行存款"等科目。取得时的实际成本包括购买价款、相关税费和可直接归属于该资产的其他支出。企业购入的房地产，部分用于出租（或资本增值）、部分自用，用于出租（或资本增值）的部分应当予以单独确认的，应按照不同部分的公允价值占公允价值总额的比例将成本在不同部分之间分配。

在采用公允价值模式计量下，外购的投资性房地产应当按照取得时的实际成本进行初始计量，其实际成本的确定与采用成本模式计量的投资性房地产一致。企业应当在"投资性房地产"科目下设置"成本"和"公允价值变动"两个明细科目，按照外购的土地使用权和建筑物发生的实际成本，计入"投资性房地产——成本"科目。

采用公允价值模式计量的条件，将在第三节"投资性房地产的后续计量"中介绍。

【例 5-1】2×20 年 5 月，华明企业计划购入一栋写字楼用于对外出租。7 月 8 日，华明企业与宏业企业签订了经营租赁合同，约定自写字楼购买日起将这栋写字楼出租给宏业企业，为期 3 年。6 月 5 日，华明企业实际购入写字楼，支付价款共计 11 000 000 元（假设不考虑其他因素，华明企业采用成本模式进行后续计量）。

华明企业的账务处理如下：

借：投资性房地产——写字楼　　　　　　　　　　11 000 000

贷：银行存款　　　　　　　　　　　　　　　11 000 000

【例 5–2】沿用【例 5–1】假设华明企业拥有的投资性房地产符合采用公允价值计量模式的条件，采用公允价值模式进行后续计量，华明企业的账务处理如下：

　　借：投资性房地产——成本（写字楼）　　　11 000 000
　　　贷：银行存款　　　　　　　　　　　　　　11 000 000

（二）自行建造投资性房地产的确认和初始计量

在采用成本模式计量下，自行建造投资性房地产，其成本由建造该项资产达到预定可使用状态前发生的必要支出构成，包括土地开发费、建筑成本、安装成本、应予以资本化的借款费用、支付的其他费用和分摊的间接费用等。建造过程中发生的非正常性损失，直接计入当期损益，不计入建造成本。按照建造过程中发生的成本，借记"投资性房地产"科目，贷记"银行存款"等科目。在采用公允价值模式计量下，自行建造投资性房地产的计量，将在第三节"投资性房地产的后续计量"中介绍。

（三）非投资性房地产转换为投资性房地产的确认和初始计量

非投资性房地产转换为投资性房地产，实质上是因房地产用途发生改变而对房地产进行的重新分类。转换日通常为租赁期开始日。房地产转换的计量将在本章第四节"投资性房地产的转换"中介绍。

二、与投资性房地产有关的后续支出

（一）资本化的后续支出

与投资性房地产有关的后续支出，满足投资性房地产确认条件的，应当计入投资性房地产成本。例如，企业为了提高投资性房地产的使用效能，往往需要对投资性房地产进行改建、扩建而使其更加坚固耐用，或者通过装修改善其室内装潢，改扩建或装修支出满足确认条件的，应当将其资本化。企业对某项投资性房地产进行改扩建等再开发且将来仍作为投资性房地产的，在再开发期间应继续将其作为投资性房地产，再开发期间不计提折旧或摊销。

【例5-3】2×19年3月，华明公司与宏业公司的一项厂房经营租赁合同即将到期。该厂房按照成本模式进行后续计量，原价为20 000 000元，已计提折旧6 000 000元。为了提高厂房的租金收入，华明公司决定在租赁期满后对厂房进行改扩建，并与立林公司签订了经营租赁合同，约定自改扩建完工时将厂房出租给立林公司。3月15日，与宏业公司的租赁合同到期，厂房随即进入改扩建工程。12月10日，厂房改扩建工程完工，共发生支出1 500 000元，即日按照租赁合同出租给立林公司。假设华明公司采用成本计量模式。

本例中，改扩建支出属于资本化的后续支出，应当计入投资性房地产的成本。

华明公司的账务处理如下：

（1）2×19年3月15日，投资性房地产转入改扩建工程。

借：投资性房地产——厂房（在建）　　14 000 000
　　投资性房地产累计折旧　　　　　　 6 000 000
　　贷：投资性房地产——厂房　　　　　　　　20 000 000

（2）2×19年3月15日~12月10日。

借：投资性房地产——厂房（在建）　　 1 500 000
　　贷：银行存款等　　　　　　　　　　　　　 1 500 000

（3）2×19年12月10日，改扩建工程完工。

借：投资性房地产——厂房　　　　　　15 500 000
　　贷：投资性房地产——厂房（在建）　　　　15 500 000

【例5-4】2×19年3月，华明公司与宏业公司的一项厂房经营租赁合同即将到期。为了提高厂房的租金收入，华明公司决定在租赁期满后对厂房进行改扩建，并与立林公司签订了经营租赁合同，约定自改扩建完工时将厂房出租给立林公司。3月15日，与宏业公司的租赁合同到期，厂房随即进入改扩建工程。12月10日，厂房改扩建工程完工，共发生支出1 500 000元，即日起按照租赁合同出租给立林公司，3月15日厂房账面余额为12 000 000元，其中成本10 000 000元，累计公允价值变动2 000 000元。假设华明公司采用公允价值计量模式。

华明公司的账务处理如下：

（1）2×19年3月15日，投资性房地产转入改扩建工程。

借：投资性房地产——厂房（在建） 　　12 000 000
　　贷：投资性房地产——成本 　　　　　　10 000 000
　　　　　　　　　　——公允价值变动 　　 2 000 000

（2）2×19年3月15日~12月10日。

借：投资性房地产——厂房（在建） 　　 1 500 000
　　贷：银行存款 　　　　　　　　　　　 1 500 000

（3）2×19年12月10日，改扩建工程完工。

借：投资性房地产——成本 　　　　　　　13 500 000
　　贷：投资性房地产——厂房（在建） 　　13 500 000

（二）费用化的后续支出

与投资性房地产有关的后续支出，不满足投资性房地产确认条件的应当在发生时计入当期损益。例如，企业对投资性房地产进行日常维护发生一些支出。企业在发生投资性房地产费用化的后续支出时，借记"其他业务成本"等科目，贷记"银行存款"等科目。

【例5-5】华明公司对其某项投资性房地产进行日常维修，发生维修支出30 000元。

本例中，日常维修支出属于费用化的后续支出，应当计入当期损益。

华明公司的账务处理如下：

借：其他业务成本　　　　　　　　　　　　　　　　　30 000
　　贷：银行存款等　　　　　　　　　　　　　　　　　　30 000

第三节　投资性房地产的后续计量

投资性房地产的后续计量具有成本和公允价值两种模式，通常应当采用成本模式计量，满足特定条件时可以采用公允价值模式计量。但是，同一企业只能采用一种模式对所有投资性房地产进行后续计量，不得同时采用两种计量模式。

一、采用成本模式进行后续计量的投资性房地产

企业通常应当采用成本模式对投资性房地产进行后续计量。采用成本模式进行后续计量的投资性房地产，应当做以下会计处理：

（1）外购投资性房地产或自行建造的投资性房地产达到预定可使用状态时，按照其实际成本，借记"投资性房地产"科目，贷记"银行存款""在建工程"等科目。

（2）按照固定资产或无形资产的有关规定，按期（月）计提折旧或进行摊销，借记"其他业务成本"等科目，贷记"投资性房地产累计折旧（摊销）"科目。

（3）取得的租金收入，借记"银行存款"等科目，贷记"其他业务收入"等科目。

（4）投资性房地产存在减值迹象的，应当适用资产减值的有关规定。经减值测试后确定发生减值的，应当计提减值准备，借记"资产减值损失"科目，贷记"投资性房地产减值准备"科目。

二、采用公允价值模式进行后续计量的投资性房地产

（一）采用公允价值模式的前提条件

企业只有存在确凿证据表明投资性房地产的公允价值能够持续可靠取得，才可以采用公允价值模式对投资性房地产进行后续计量。企业一旦选择采用公允价值计量模式，就应当对其所有投资性房地产均采用公允价值模式进行后续计量。采用公允价值模式进行后续计量的投资性房地产，应当同时满足下列条件：

（1）投资性房地产所在地有活跃的房地产交易市场。所在地，通常是指投资性房地产所在的城市。对于大中城市，应当为投资性房地产所在的城区。

（2）企业能够从活跃的房地产交易市场上取得同类或类似房地产的市场价格及其他相关信息，从而对投资性房地产的公允价值作出合理的估计。

同类或类似的房地产，对建筑物而言，是指所处地理位置和地理环境相同、性质相同、结构类型相同或相近、新旧程度相同或相近、可使用状况相同或相近的建筑物；对土地使用权而言，是指同一城区、同一位置区域、所处地理环境相同或相近、可使用状况相同或相近的土地。

（二）采用公允价值模式进行后续计量的会计处理

采用公允价值模式进行后续计量的投资性房地产，应当做以下会计处理：

（1）按取得的成本确认投资性房地产价值。外购投资性房地产或自行建造的投资性房地产达到预定可使用状态时，按照其实际成本，借记"投资性房地产（成本）"科目，贷记"银行存款""在建工程"等科目。

（2）平常不对投资性房地产计提折旧或摊销，只需要在会计期末按照公允价值调整其账面价值。

对于采用公允价值模式进行核算的投资性房地产，与成本模式最大的不

同就是日常不需要计提折旧或者进行价值的摊销。

企业应当以资产负债表日投资性房地产的公允价值为基础调整其账面价值，公允价值与原账面价值之间的差额计入当期损益。

当资产负债表日，投资性房地产的公允价值高于原账面价值的差额，借记"投资性房地产（公允价值变动）"科目，贷记"公允价值变动损溢"科目；公允价值低于原账面价值的差额，做相反的会计分录。

（3）取得投资性房地产的租金收入时，借记"银行存款"等科目，贷记"其他业务收入"等科目。

【例5-6】三木制造公司为一家工业企业，2×19年6月1日，三木制造公司与宏业公司达成租赁协议，约定自身购入的一栋可用于办公的写字楼租赁给宏业公司使用，租期自9月1日开始，租赁期为5年。

当年9月1日，三木制造公司一次性交纳了全部的购楼款10 000 000元，该写字楼也开始起租。由于该栋写字楼地处商业繁华区，所在城区有活跃的房地产交易市场，而且能够从房地产交易市场上取得同类房地产的市场报价，三木制造公司决定采用公允价值模式对该项出租的房地产进行后续计量。

2×19年12月31日，该写字楼的公允价值为12 000 000元。2×20年12月31日，该写字楼的公允价值为13 000 000元。三木制造公司的账务处理如下：

（1）2×19年9月1日，三木制造公司交纳了全部房款并开始出租。

借：投资性房地产——××写字楼（成本） 10 000 000
　　贷：银行存款 10 000 000

（2）2×19年12月31日，以公允价值为基础调整其账面价值，公允价值与原账面价值之间的差额计入当期损益。

公允价值变动损溢=12 000 000-10 000 000=2 000 000

借：投资性房地产——××写字楼（公允价值变动） 2 000 000
　　贷：公允价值变动损溢 2 000 000

（3）2×20年12月31日，公允价值又发生变动。

公允价值变动损溢=13 000 000-12 000 000=1 000 000

借：投资性房地产——××写字楼（公允价值变动） 1 000 000

贷：公允价值变动损溢　　　　　　　　　　　　　　　1 000 000

三、投资性房地产后续计量模式的变更

　　企业对投资性房地产的计量模式一经确定，不得随意变更。按照当前《企业会计准则》的规定，只允许成本模式转为公允价值模式，已采用公允价值模式计量的投资性房地产，不得从公允价值模式转为成本模式。

　　成本模式转为公允价值模式的，应当作为会计政策变更处理，将计量模式变更时公允价值与账面价值的差额调整期初留存收益（未分配利润）。企业变更投资性房地产计量模式时，应当按照计量模式变更日投资性房地产的公允价值，借记"投资性房地产（成本）"科目，按照已计提折旧或摊销，借记"投资性房地产累计折旧（摊销）"科目，原已计提减值准备的，借记"投资性房地产减值准备"科目，按照原账面余额，贷记"投资性房地产"科目，按照公允价值与其账面价值之间的差额，贷记或借记"利润分配——未分配利润""盈余公积"等科目。

　　【例5-7】三木制造公司拥有一栋可作办公用的独栋小楼，一直出租给某科技开发公司办公使用，在会计处理上一直按照成本模式作为投资性房地产处理。

　　2×19年1月1日，三木制造公司认为，出租的写字楼由于其所在地的房地产交易市场比较成熟，具备了采用公允价值模式计量的条件，决定对该项投资性房地产从成本模式转换为公允价值模式计量。该写字楼的原造价为1 000 000元，已计提折旧200 000元，账面价值为800 000元。2×19年1月1日，该写字楼的公允价值为950 000元。假设三木制造公司按净利润的10%计提盈余公积。三木制造公司应该进行的账务处理如下：

　　借：投资性房地产——××写字楼（成本）　　　950 000
　　　　投资性房地产累计折旧（摊销）　　　　　　200 000
　　　贷：投资性房地产——××写字楼　　　　　　1 000 000
　　　　利润分配——未分配利润　　　　　　　　　135 000
　　　　盈余公积　　　　　　　　　　　　　　　　 15 000

第四节　投资性房地产的转换

一、房地产转换的概念

房地产的转换,并非是指两个所有权人之间的房产置换,其实质上是因房地产用途发生改变,而在会计处理上,由投资性房地产转换为其他资产,或者由其他资产转换为投资性房地产。

二、房地产的转换形式及转换日

1. 房地产转换形式

房地产的转换,是因房地产用途发生改变而对房地产进行的重新分类。这里所说的房地产转换是针对房地产用途发生改变而言,而不是后续计量模式的转变。企业必须有确凿证据表明房地产用途发生改变,才能将投资性房地产转换为非投资性房地产或者将非投资性房地产转换为投资性房地产,例如自用的办公楼改为出租等。这里的确凿证据包括两个方面:一是企业董事会或类似机构应当就改变房地产用途形成正式的书面决议;二是房地产因用途改变而发生实际状态上的改变,如从自用状态改为出租状态。房地产转换形式主要包括以下五种:

(1) 投资性房地产开始自用,相应地由投资性房地产转换为固定资产或无形资产。投资性房地产开始自用是指企业将原来用于赚取租金或资本增值的房地产改为用于生产商品、提供劳务或者经营管理,例如,企业将出租的厂房收回,并用于生产本企业的产品。又如,从事房地产开发的企业将出租的开发产品收回,作为企业的固定资产使用。

(2) 作为存货的房地产改为出租,通常指房地产开发企业将其持有的开发产品以经营租赁的方式出租,相应地由存货转换为投资性房地产。

（3）自用土地使用权停止自用，用于赚取租金或资本增值，相应地由无形资产转换为投资性房地产。

（4）自用建筑物停止自用改为出租，相应地由固定资产转换为投资性房地产。

（5）房地产企业将用于经营出租的房地产重新开发用于对外销售，从投资性房地产转为存货。

2. 投资性房地产转换日的确定

转换日的确定关系资产的确认时点和入账价值，因此非常重要。转换日是指房地产的用途发生改变、状态相应发生改变的日期。转换日的确定标准主要包括以下三类：

（1）投资性房地产开始自用，转换日是指房地产达到自用状态，企业开始将房地产用于生产商品、提供劳务或者经营管理的日期。

（2）投资性房地产转换为存货，转换日为租赁期届满、企业董事会或类似机构作出书面决议明确表明将其重新开发用于对外销售的日期。

（3）作为存货的房地产改为出租，或者自用建筑物或土地使用权停止自用改为出租，转换日通常为租赁期开始日。租赁期开始日是指承租人有权行使其使用租赁资产权利的日期。

三、房地产转换的会计处理

（一）采用成本模式计量的投资性房地产转为自用房地产

企业将采用成本模式计量的投资性房地产转为自用房地产时，应当按该项投资性房地产在转换日的账面余额、累计折旧、减值准备等，分别转入"固定资产""累计折旧""固定资产减值准备"等科目。按其账面余额，借记"固定资产"或"无形资产"科目，贷记"投资性房地产"科目；按已计提的折旧或摊销，借记"投资性房地产累计折旧（摊销）"科目，贷记"累计折旧"或"累计摊销"科目；原已计提减值准备的，借记"投资性房地产减值准备"科目，贷记"固定资产减值准备"或"无形资产减值准备"科目。

【例5-8】三木制造公司拥有一座独立的厂房出租给另一家企业使用，在会计处理上一直采用成本模式计量，截至2×19年7月31日，账面价值为1 350 000元，其中原价值1 500 000元，累计已提折旧150 000元。

2×19年7月末，三木制造公司将出租在外的厂房收回，从8月1日开始供本公司的生产车间使用，该厂房相应由投资性房地产转换为自用房地产。三木制造公司2×19年8月1日的账务处理如下：

借：固定资产　　　　　　　　　　　　　　　1 500 000
　　投资性房地产累计折旧（摊销）　　　　　　150 000
　贷：投资性房地产——××厂房　　　　　　　1 500 000
　　　累计折旧　　　　　　　　　　　　　　　150 000

（二）作为存货的房地产转换为采用成本模式计量的投资性房地产

企业将作为存货的房地产转换为采用成本模式计量的投资性房地产时，应当按该项存货在转换日的账面价值，借记"投资性房地产"科目；原已计提跌价准备的，借记"存货跌价准备"科目，按其账面余额，贷记"开发产品"等科目。

【例5-9】三木制造公司是从事房地产开发业务的企业，2×19年3月10日，三木制造公司与另一家公司签署了租赁协议，将其开发的一栋写字楼整体出租给另一家公司使用，租赁期开始日为2×19年4月15日。2×19年4月15日，该写字楼的账面余额10 000 000元，未计提存货跌价准备，转换后采用成本模式计量。

三木制造公司2011年4月15日的账务处理如下：

借：投资性房地产——××写字楼　　　　　　10 000 000
　贷：开发产品　　　　　　　　　　　　　　　10 000 000

（三）自用土地使用权或建筑物转换为以成本模式计量的投资性房地产

企业将自用土地使用权或建筑物转换为以成本模式计量的投资性房地产时，应当按该项土地使用权或建筑物在转换日的原价、累计折旧、减值准备等，分别转入"投资性房地产""投资性房地产累计折旧（摊销）""投资性房地产减值准备"科目。按其账面余额，借记"投资性房地产"科目，贷记"固定资产"或"无形资产"科目；按已计提的折旧或摊销，借记"累计折旧"或"累计摊销"科目，贷记"投资性房地产累计折旧（摊销）"科目；原已计提减值准备的，借记"固定资产减值准备"或"无形资产减值准备"科目，贷记"投资性房地产减值准备"科目。

【例5-10】三木制造公司拥有一栋写字楼，2×19年之前一直用于本公司的办公使用。在本公司于其他地方购置了新办公用楼之后，三木制造公司于2×19年3月10日，与另一家企业签订了办公楼的经营租赁协议，将这栋办公楼整体出租给另一家公司使用，租赁期5年，起租日为2×19年4月10日。

由于三木制造公司所在城市缺乏活跃的房地产交易市场，该公司决定将该房产由固定资产转换为以成本模式核算的投资性房地产。2×19年4月10日，这栋办公楼的账面余额15 000 000元，已计提折旧3 000 000元。假设三木制造公司所在城市没有活跃的房地产交易市场。

三木制造公司2×19年4月10日的账务处理如下：

借：投资性房地产——××写字楼　　　　15 000 000
　　累计折旧　　　　　　　　　　　　　3 000 000
　贷：固定资产　　　　　　　　　　　　15 000 000
　　　投资性房地产累计折旧（摊销）　　　3 000 000

（四）采用公允价值模式计量的投资性房地产转为自用房地产

企业将采用公允价值模式计量的投资性房地产转换为自用房地产时，应当以其转换当日的公允价值作为自用房地产的账面价值，公允价值与原账面价值的差额计入当期损益。转换日，按该项投资性房地产的公允价值，借记"固定资产"或"无形资产"科目；按该项投资性房地产的成本，贷记"投资性房地产（成本）"科目，按该项投资性房地产的累计公允价值变动，贷记或借记"投资性房地产（公允价值变动）"科目，按其差额，贷记或借记"公允价值变动损益"科目。

【例 5-11】2×18 年 10 月 15 日，三木制造公司因租赁期满，将出租的写字楼收回，准备作为办公楼用于本企业的行政管理。该项房地产在转换前采用公允价值模式计量，原账面价值为 17 500 000 元，其中成本为 15 000 000 元，公允价值变动为增值 2 500 000 元。

2×19 年 12 月 1 日，该写字楼正式开始自用，相应由投资性房地产转换为自用房地产，当日的公允价值为 18 000 000 元。三木制造公司的账务处理如下：

借：固定资产　　　　　　　　　　　　　　　　　18 000 000
　　贷：投资性房地产——写字楼（成本）　　　　　15 000 000
　　　　　　　　　　——写字楼（公允价值变动）　 2 500 000
　　　　公允价值变动损溢　　　　　　　　　　　　　 500 000

（五）作为存货的房地产转换为采用公允价值模式计量的投资性房地产

企业将作为存货的房地产转换为采用公允价值模式计量的投资性房地产时，应当按该项房地产在转换日的公允价值，借记"投资性房地产（成本）"科目；原已计提跌价准备的，借记"存货跌价准备"科目，按其账面余额，贷记"开发产品"等科目。同时，转换日的公允价值小于账面价值的，按其差额，借记"公允价值变动损益"科目；转换日的公允价值大于账面价值的，按其差额，贷记"资本公积——其他资本公积"科目。待该项投资性房地产处置时，因转换计入资本公积的部分应转入当期的其他业务收入，借记"资本公积——其他资本公积"科目，贷记"其他业务收入"科目。

【例5-12】三木制造公司是从事房地产开发业务的企业，2×19年3月10日，三木制造公司与另一家公司签订了租赁协议，将其开发的一栋写字楼整体出租给另一家公司使用，租赁期开始日为2×19年4月15日。2×19年4月15日，该写字楼的账面余额10 000 000元，未计提存货跌价准备，假设转换后采用公允价值模式计量，4月15日该写字楼的公允价值为9 000 000元，2×19年12月31日，该项投资性房地产的公允价值为12 000 000元。2×20年4月租赁期届满，三木制造公司收回该项投资性房地产，并于2×20年6月以16 000 000元出售，出售款项已收讫。

三木制造公司的账务处理如下：

（1）2×19年4月15日。

借：投资性房地产——××写字楼（成本）	9 000 000
公允价值变动损溢	1 000 000
贷：开发产品	10 000 000

（2）2×19年12月31日。

借：投资性房地产——××写字楼（公允价值变动）	3 000 000
贷：公允价值变动损溢	3 000 000

（3）2×20年6月，出售时。

借：银行存款	16 000 000
贷：其他业务收入	16 000 000
借：其他业务成本	12 000 000
贷：投资性房地——××写字楼（成本）	11 000 000
——××写字楼（公允价值变动）	1 000 000

同时，将投资性房地产累计公允价值变动转入其他业务收入。

公允价值变动增值＝公允价值变动增值－公允价值变动减值
=3 000 000－1 000 000=2 000 000

借：公允价值变动损溢　　　　　　　　　　20 000 000
　　贷：其他业务收入　　　　　　　　　　　　　20 000 000

（六）自用土地使用权或建筑物转换为采用公允价值模式计量的投资性房地产

企业将自用土地使用权或建筑物转换为采用公允价值模式计量的投资性房地产时，应当按该项土地使用权或建筑物在转换日的公允价值，借记"投资性房地产（成本）"科目，按其账面余额，贷记"固定资产"或"无形资产"科目；按已计提的累计摊销或累计折旧，借记"累计摊销"或"累计折旧"科目，原已计提减值准备的，借记"无形资产减值准备""固定资产减值准备"科目，同时，转换日的公允价值小于账面价值的，按其差额，借记"公允价值变动损溢"科目；转换日的公允价值大于账面价值的，按其差额，贷记"资本公积——其他资本公积"科目。待该项投资性房地产处置时，因转换计入资本公积的部分应转入当期的其他业务收入，借记"资本公积——其他资本公积"科目，贷记"其他业务收入"科目。

【例5-13】2×19年6月，三木制造公司打算搬迁至新建办公楼，由于原办公楼处于商业繁华地段，三木制造公司准备将其出租，以赚取租金收入。2×19年10月，三木制造公司完成了搬迁工作，原办公楼停止自用。

2×19年12月，三木制造公司与另一家公司签了租赁协议，将其原办公楼停止使用，租赁期开始日为2×20年1月1日，租赁期限为3年。三木制造公司应当于租赁期开始日（2×20年1月1日），将自用房地产转换为投资性房地产。由于该办公楼处于繁华商业区，房地产交易活跃，该企业能够从市场上取得同类或类似房地产的市场价格及其他相关信息，假设三木制造公司对出租的办公楼采用公允价值模式作为投资性房地产进行会计核算。

三木制造公司2×20年1月1日，该办公楼的公允价值为13 000 000元，其原价为15 000 000元，已计提折旧1 500 000元。

三木制造公司2×20年1月1日的账务处理如下：

借：投资性房地产——××办公楼（成本）　　　13 000 000
　　公允价值变动损溢　　　　　　　　　　　　　　500 000
　　累计折旧　　　　　　　　　　　　　　　　　1 500 000
　　贷：固定资产　　　　　　　　　　　　　　　　　　15 000 000

第五节　投资性房地产的处置

当投资性房地产被处置，或者永久退出使用且预计不能从其处置中取得经济利益时，应当终止确认该项投资性房地产。

企业可以通过对外出售或转让的方式处置投资性房地产取得收益。对于那些由于使用而不断磨损直到最终报废，或者由于遭受自然灾害等非正常原因发生毁损的投资性房地产应当及时进行清理。此外，企业因其他原因，如非货币性交易等而减少投资性房地产也属于投资性房地产的处置。企业出售、转让、报废投资性房地产或者发生投资性房地产毁损，应当将处置收入扣除其账面价值和相关税费后的金额计入当期损益。

一、成本模式计量的投资性房地产

如果投资性房地产采用成本模式进行核算，在对其进行处置时，应当按实际收到的金额，借记"银行存款"等科目，贷记"其他业务收入"科目；按该项投资性房地产的累计折旧或累计摊销，借记"投资性房地产累计折旧（摊销）"科目，按该项投资性房地产的账面余额，贷记"投资性房地产"科目，按其差额，借记"其他业务成本"科目。已计提减值准备的，还应同时结转减值准备。

【例5-14】三木制造公司拥有一栋用于出租的办公用房，一直采用成本模式将其作为投资性房地产进行会计核算。2×19年6月，三木制造公司将该栋写字楼出售给美华公司，合同价款为5 000 000元，美华公司已用银行存款付清。出售时，该栋写字楼的成本为2 800 000元，已计提折旧600 000元。三木制造公司的账务处理如下：

  借：银行存款   5 000 000
    贷：其他业务收入   5 000 000
  借：其他业务成本   2 200 000
    投资性房地产累计折旧（摊销）   600 000
    贷：投资性房地产——××写字楼   2 800 000

二、公允价值模式计量的投资性房地产

  如果投资性房产采用公允价值模式核算，在对其进行处置时，应按实际收到的金额，借记"银行存款"等科目，贷记"其他业务收入"科目。按该项投资性房地产的账面余额，借记"其他业务成本"科目，贷记"投资性房地产（成本）""投资性房地产（公允价值变动）"科目；同时，按该项投资性房地产的公允价值变动，借记或贷记"公允价值变动损益"科目，贷记或借记"其他业务收入"科目。按该项投资性房地产在转换日记入资本公积的金额，借记"资本公积——其他资本公积"科目，贷记"其他业务收入"科目。

【例5-15】三木制造公司拥有一栋用于出租的办公用房，一直采用公允价值模式将其作为投资性房地产进行会计核算。2×19年6月，三木制造公司将该栋写字楼出售给美华公司，合同价款为5 000 000元，美华公司已用银行存款付清。出售时，该栋写字楼的成本为2 800 000元，公允价值变动为借方余额400 000元。三木制造公司的账务处理如下：

  借：银行存款   5 000 000
    贷：其他业务收入   5 000 000
  借：其他业务成本   3 200 000

贷：投资性房地产——××写字楼（成本）　　　　2 800 000
　　　　　　　　——××写字楼（公允价值变动）　　400 000
同时，将投资性房地产累计公允价值变动转入其他业务收入：
　　借：公允价值变动损溢　　　　　　　　　　　　400 000
　　　贷：其他业务收入　　　　　　　　　　　　　400 000

第六章
固定资产投资管理

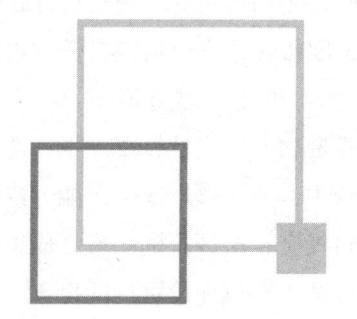

第一节　投资管理概述

一、投资的概念

投资，是指特定经济主体（包括国家、企业和个人）为了在未来可预见的时期内获得收益或使资金增值，在一定时期向一定领域的标的物投放足够数额的资金或实物等货币等价物的经济行为。从特定企业角度看，投资就是企业为获取收益而向一定对象投放资金的经济行为。

二、投资的分类

投资可分为以下类型：

（1）按照投资行为的介入程度，分为直接投资和间接投资。直接投资是指不借助金融工具，由投资人直接将资金转移交付给被投资对象使用的投资，包括企业内部直接投资和对外直接投资，前者形成企业内部直接用于生产经营的各项资产，如各种货币资金、实物资产、无形资产等，后者形成企业持有的各种股权性资产，如持有子公司或联营公司股份等。间接投资是指通过购买被投资对象发行的金融工具而将资金间接转移交付给被投资对象使用的投资，如企业购买特定投资对象发行的股票、债券、基金等。

（2）按照投入的领域不同，分为生产性投资和非生产性投资。生产性投资是指将资金投入生产、建设等物质生产领域中，并能够形成生产能力或可以产出生产资料的一种投资，又称为生产资料投资。这种投资的最终成果将形成各种生产性资产，包括形成固定资产的投资、形成无形资产的投资、形成其他资产的投资和流动资金投资。其中，前三项属于垫支资本投资，后者属于周转资本投资。非生产性投资是指将资金投入非物质生产领域中，不能形成生产能力，但能形成社会消费或服务能力，满足人民的物质文化生活需要的一种投资。这种投资的最终成果是形成各种非生产性资产。

（3）按照投资的方向不同，分为对内投资和对外投资。从企业的角度看，对内投资就是项目投资，是指企业将资金投放于为取得供本企业生产经营使用的固定资产、无形资产、其他资产和垫支流动资金而形成的一种投资。对外投资是指企业为购买国家及其他企业发行的有价证券或其他金融产品（包括期货与期权、信托、保险），或以货币资金、实物资产、无形资产向其他企业（如联营企业、子公司等）注入资金而发生的投资。

（4）按照投资的内容不同，分为固定资产投资、无形资产投资、流动资金投资、房地产投资、有价证券投资、期货与期权投资、信托投资和保险投资等多种形式。

三、项目投资的特点与意义

项目投资，是指以特定建设项目为投资对象的一种长期投资行为。

与其他形式的投资相比，项目投资具有投资内容独特（每个项目都至少涉及一项形成固定资产的投资）、投资数额大、影响时间长（一个营业周期至少1年以上）、发生频率低、变现能力差和投资风险高的特点。

从宏观角度看，项目投资有以下两方面积极意义：

第一，项目投资是实现社会资本积累功能的主要途径，也是扩大社会再生产的重要手段，有助于促进社会经济的长期可持续发展；

第二，增加项目投资，能够为社会提供更多的就业机会，提高社会总供给量，不仅可以满足社会需求的不断增长，而且会最终拉动社会消费的增长。

从微观角度看，项目投资有以下三个方面积极意义：

第一，增强投资者经济实力。投资者通过项目投资，扩大其资本积累规模，提高其收益能力，增强其抵御风险的能力。

第二，提高投资者创新能力。投资者通过自主研发和购买知识产权，结合投资项目的实施，实现科技成果的商品化和产业化，不仅可以不断地获得技术创新，而且能够为科技转化为生产力提供更好的业务操作平台。

第三，提升投资者市场竞争能力。市场竞争不仅是人才的竞争、产品的竞争，而且从根本上说是投资项目的竞争。一个不具备核心竞争能力的投资项目是注定要失败的。无论是投资实践的成功经验还是失败的教训，都有助于促进投资者自觉按市场规律办事，不断提升其市场竞争力。

四、投资决策及其影响因素

投资决策是指特定投资主体根据其经营战略和方针，由相关管理人员作出的有关投资目标、拟投资方向或投资领域的确定和投资实施方案的选择的过程。

一般而言，项目投资决策主要考虑以下因素。

（一）需求因素

需求情况可以通过考察投资项目建成投产后预计产品的各年营业收入（即预计销售单价与预计销量的乘积）的水平来反映。如果项目的产品不适销对路，或质量不符合要求，或产能不足，都会直接影响其未来的市场销路和价格水平。其中，产品是否符合市场需求、质量应达到什么标准，取决于对未来市场的需求分析和工艺技术所达到水平的分析；而产能情况则直接取决于工厂布局是否合理、原材料供应是否有保证，以及对生产能力和运输能力的分析。

（二）时期和时间价值因素

（1）时期因素是由项目计算期的构成情况决定的。项目计算期是指投资项目从投资建设开始到最终清理结束整个过程的全部时间，包括建设期和运营期。

建设期，是指项目资金正式投入开始到项目建成投产为止所需要的时间，建设期第一年的年初称为建设起点，建设期最后一年的年末称为投产日。在实践中，通常应参照项目建设的合理工期或项目的建设进度计划合理确定建设期。项目计算期最后一年的年末称为终结点，假定项目最终报废或清理均发生在终结点（但更新改造除外）。

运营期，是指从投产日到终结点之间的时间间隔，包括试产期和达产期（完全达到设计生产能力期）两个阶段。试产期是指项目投入生产，但生产能力尚未完全达到设计能力时的过渡阶段。达产期是指生产运营达到预期设计水平后的时间。运营期一般应根据项目主要设备的经济使用寿命期确定。

项目计算期、建设期和运营期之间有以下关系成立，即：

$$项目计算期(n) = 建设期(s) + 运营期(p)$$

【例6-1】华明企业拟投资新建一个项目，在建设起点开始投资，历经2年后投产，试产期为1年，主要固定资产的预计使用寿命为10年。根据上述资料，估算该项目各项指标如下：

建设期为2年，运营期为10年。

试产期 = 10 − 1 = 9（年）

项目计算期 = 2 + 10 = 12（年）

（2）考虑时间价值因素，是指根据项目计算期不同时点上价值数据的特征，按照一定的折现率对其进行折算，从而计算出相关的动态项目评价指标。因此，科学地选择适当的折现率，对于正确开展投资决策至关重要。

（三）成本因素

成本因素包括投入和产出两个阶段的广义成本费用。

（1）投入阶段的成本。它是由建设期和运营期前期所发生的原始投资所决定的。从项目投资的角度看，原始投资（又称初始投资）等于企业为使该项目完全达到设计生产能力、开展正常经营而投入的全部现实资金，包括建设投资和流动资金投资两项内容。建设投资是指在建设期内按一定生产经营规模和建设内容进行的投资。流动资金投资是指项目投产前后分次或一次投放于营运资金项目的投资增加额，又称垫支流动资金或营运资金投资。

在财务可行性评价中，原始投资与建设期资本化利息之和为项目总投资，这是一个反映项目投资总体规模的指标。

【例6-2】 宏业公司拟新建一条生产线项目，建设期为2年，运营期为20年。全部建设投资分别安排在建设起点、建设期第2年年初和建设期末分三次投入，投资额分别为1 000 000元、3 000 000元和680 000元；全部流动资金投资安排在建设期末和投产后第一年年末分两次投入，投资额分别为150 000元和50 000元。根据项目筹资方案的安排，建设期资本化借款利息为220 000元。根据上述资料，可估算该项目各项指标如下：

建设投资合计 = 1 000 000 + 3 000 000 + 680 000 = 4 680 000（元）

流动资金投资合计 = 150 000 + 50 000 = 200 000（元）

原始投资 = 4 680 000 + 200 000 = 4 880 000（元）

项目总投资 = 4 880 000 + 220 000 = 5 100 000（元）

（2）产出阶段的成本。它是由运营期发生的经营成本、营业税金及附加和企业所得税三个因素所决定的。经营成本又称付现的营运成本（或简称付现成本），是指在运营期内为满足正常生产经营而动用货币资金支付的成本费用。从企业投资者的角度看，营业税金及附加和企业所得税都属于成本费用的范畴，因此，在投资决策中需要考虑这些因素。

严格地讲，各项广义成本因素中除所得税因素外，均需综合考虑项目的工艺、技术、生产和财务等条件，通过开展相关的专业分析才能予以确定。

五、投资程序

企业投资的程序主要包括以下步骤：

（1）提出投资领域和投资对象。这需要在把握良好投资机会的情况下，根据企业的长远发展战略、中长期投资计划和投资环境的变化来确定。

（2）评价投资方案的可行性。在评价投资项目的环境、市场、技术和生产可行性的基础上，对财务可行性作出总体评价。

（3）投资方案比较与选择。在财务可行性评价的基础上，对可供选择的多个投资方案进行比较和选择。

（4）投资方案的执行。即投资行为的具体实施。

（5）投资方案的再评价。在投资方案的执行过程中，应注意原来作出的投资决策是否合理、是否正确。一旦出现新的情况，就要随时根据变化的情况作出新的评价和调整。

六、投资项目的财务可行性分析

财务可行性分析是指在已完成相关环境与市场分析、技术与生产分析的前提下，围绕已具备技术可行性的建设项目而开展的，有关该项目在财务方面是否具有投资可行性的一种专门分析评价。

七、固定资产投资的特点

固定资产是企业生产经营的基础，与流动资产投资相比，固定资产投资的特点主要有：

（1）单项资产投资的数额大。固定资产主要是形成企业的生产能力，设备及建筑物单项价值较高，相对于流动资产来讲，投资固定资产的资金多。

（2）回收时间长。固定资产是在一段时间内发挥作用，为了保证企业利润的稳定性，会计上都采用计提折旧的方式来收回固定资产投资，收回投资就需要较长的时间，而流动资产是在一个营业周期内收回投资。

（3）对企业影响长远。由于固定资产投资的数额大及回收时间长的特点，如果出现投资决策的失误，在很长时间内都会给企业产生不利影响。

从固定资产投资的特点看，固定资产投资管理需要更加谨慎，必须采取科学的方法进行决策。

第二节　财务可行性分析

财务可行性要素是指在项目的财务可行性评价过程中，计算一系列财务可行性评价指标所必须予以充分考虑的、与项目直接相关的、能够反映项目投入产出关系的各种主要经济因素的统称。按照一定定量分析技术估算所有的财务可行性要素，进而计算出有关的财务评价指标。从项目投入产出的角度看，可将新建工业投资项目的财务可行性要素划分为投入类和产出类两种类型。

一、投入类财务可行性要素的估算

主要包括以下四项内容：
（1）在建设期发生的建设投资。
（2）在建设期期末或运营期前期发生垫支的流动资金投资。
（3）在运营期发生的经营成本（付现成本）。
（4）在运营期发生的各种税金（包括税金及附加和企业所得税）。

（一）建设投资的估算

按照形成固定资产的各项费用进行估算。形成固定资产的费用是项目直接用于购置或安装固定资产应当发生的投资，具体包括：建筑工程费、设备购置费、安装工程费和固定资产其他费用。

形成固定资产费用的资金投入方式，可根据各项工程的工期安排和建造方式确定。为简化计算，当建设期为零（即取得的固定资产不需要建设和安装）或建设期不到1年，且为自营建造时，可假定预先在建设起点一次投入全部相关资金；当建设期达到或超过1年，且为自营建造时，可假定在建设起点和以后各年年初分次投入相关资金；当建设期达到或超过1年，且为出包建造时，可假定在建设起点和建设期末分次投入相关资金。

（1）建筑工程费的估算。建筑工程费是指为建造永久性建筑物和构筑物所需要的费用，包括场地平整，建筑厂房、仓库、电站、设备基础、工业窑炉、桥梁、码头、堤坝、隧道、涵洞、铁路、公路、水库、水坝、灌区、管线敷设、矿井开凿和露天剥离等项目工程的费用。可分别按单位建筑工程投资估算法、单位实物工程量投资估算法和概算指标投资估算法进行估算。

① 单位建筑工程投资估算法。该法的计算公式为：

建筑工程费 = 同类单位建筑工程投资 × 相应的建筑工程总量

② 单位实物工程量投资估算法。该法的计算公式为：

建筑工程费 = 预算单位实物工程投资 × 相应的实物工程量

【例6-3】A企业拟新建一个固定资产投资项目，土石方建筑工程总量为100 000立方米，同类单位建筑工程投资为20元/立方米；拟建厂房建筑物的实物工程量为20 000立方米，预算单位造价为1 100元/立方米。根据上述资料，可估算该项目各项指标如下：

该项目的土石方建筑工程投资 = 20 × 100 000 = 2 000 000（元）
该项目的厂房建筑物工程投资 = 11 000 000 × 20 000 = 22 000 000（元）
该项目的建筑工程费 = 2 000 000 + 22 000 000 = 24 000 000（元）

（2）设备购置费的估算。广义的设备购置费是指为投资项目购置或自制的达到固定资产标准的各种国产或进口设备、工具、器具和生产经营用家具等应支出的费用。狭义的设备购置费则是指为取得项目经营所必需的各种机器设备、电子设备、运输工具和其他装置应支出的费用。

① 设备购置费的估算。其估算公式如下：

设备购置费用 = 设备购买成本 × （1 + 运杂费率）

上式中，标准的设备购买成本是指设备的发票价或出厂价；非标准的设备购买成本是指生产厂家为生产该设备而发生的各项费用合计，包括非标准设备设计费、材料费、加工费、辅助材料费、专用工具费、废品损失费、外购配套件费、包装费、利润、应缴纳的消费税等。运杂费率是指除购买成本之外的设备采购、运输、途中包装、保险及仓库保管等费用合计占设备购买成本的百分比。

② 工具、器具和生产经营用家具购置费的估算。工具、器具和生产经营用家具购置费，是指为确保项目投产初期的生产经营而第一批购置的，未达到固定资产标准的工具、卡具、模具和家具应发生的费用。为简化计算，可在设备购置费的基础上，按照部门或行业规定的购置费率进行估算。公式为：

工具、器具和生产经营用家具购置费 = 设备购置费 × 标准的工具、
器具和生产经营用家具购置费率

（3）安装工程费的估算。需要安装的设备，往往按需要安装设备的重量

和单价进行估算；其他需要安装的设备通常按设备购置费的一定百分比进行估算。需要注意的是，按后者估算时，要注意核实购置设备合同中是否包括了安装所需材料，是全部还是只包括了一部分（如从国外进口的石油化工设备中，一般都包括了部分安装材料）。如果设备购置费中包括了安装材料，则安装费率就比较低，否则就比较高。相关的估算公式如下：

$$安装工程费 = 每吨安装费 \times 设备吨位$$

$$安装工程费 = 安装费率 \times 设备原价$$

$$安装工程费 = 单位实务工程安装费标准 \times 实务安装工程量$$

【例6-4】A企业新建项目设备的安装费按其吊装吨位计算，每吨安装费为10 000元/吨，该设备为50吨。根据上述资料，可估算该项目设备的安装工程费：

该项目设备的安装工程费 = 10 000 × 50 = 500 000（元）

（4）固定资产其他费用的估算。固定资产其他费用包括建设单位管理费、可行性研究费、研究试验费、勘察设计费、环境影响评价费、场地准备及临时设施费、引进技术和引进设备其他费、工程保险费、工程建设监理费、联合试运转费、特殊设备安全监督检验费和市政公用设施建设及绿化费等。估算时，可按经验数据、取费标准或项目的工程费用（即建筑工程费、广义设备购置费和安装工程费三项工程费用的合计）的一定百分比测算。

在项目可行性研究中，形成固定资产的费用与固定资产原值的关系如下式所示：

$$固定资产原值 = 形成固定资产的费用 + 建设期资本化利息 + 预备费$$

【例6-5】A企业新建项目形成固定资产的费用为56 687 300元，其建设期资本化利息为1 000 000元，预备费为4 000 000元。根据上述资料，可估算该项目固定资产原值：

该项目的固定资产原值 = 56 687 300 + 1 000 000 + 4 000 000 = 61 687 300（元）

显然，在不考虑具体的筹资方案（即不考虑投资的资金来源）和预备费的情况下，可假定固定资产原值与形成固定资产的费用相等。

生产准备费的资金投入方式，可假定在建设期末一次投入。开办费的资金投入方式，可假定在建设期内分次投入。

①生产准备费的估算。生产准备费是指新建项目或新增生产能力的企业为确保投产期初期进行必要生产准备而应发生的费用，包括职工培训费、提前进厂熟悉工艺及设备性能人员的相关费用。生产准备费可按需要培训和预计培训费标准，以及需要提前进厂的职工人数和相关费用标准进行估算；也可按工程费用和生产准备费率估算。

②开办费的估算。开办费是指在企业筹建期发生的、不能计入固定资产和无形资产，也不属于生产准备费的各项费用。可按工程费用和开办费率估算。

（5）预备费的估算。预备费又称不可预见费，是指在可行性研究中难以预料的投资支出，包括基本预备费和涨价预备费。预备费的资金投入方式，可假定在建设期末一次投入。

①基本预备费的估算。基本预备费是指由于建设期发生一般自然灾害而带来的工程损失或为防范自然灾害而采取措施而追加的投资，又称工程建设不可预见费。可按以下公式估算：

基本预备费=（形成固定资产的费用+形成无形资产的费用+
　　　　　形成其他资产的费用）×基本预备费率

②涨价预备费的估算。涨价预备费是指为应付建设期内可能发生的通货膨胀而预留的投资，又称价格上涨不可预见费。涨价预备费通常要根据工程费用和建设期预计通货膨胀率来估算。

【例6-6】宏业公司拟建的生产线项目，需要在建设期内投入形成固定资产的费用4 000 000元；支付200 000元购买一项专利权，支付50 000元购买一项非专利技术；投入开办费30 000元，预备费400 000元，假定不考虑筹资方案的建设期资本化利息。根据上述资料，可估算出该项目的以下指标：

该项目形成无形资产的费用=200 000 + 50 000 = 250 000（元）

该项目形成其他资产的费用为30 000元。

该项目的建设投资=4 000 000 + 250 000 + 30 000 + 400 000 = 4 680 000（元）

该项目的固定资产原值=4 000 000 + 0 + 400 000 = 4 400 000（元）

（二）流动资金投资的估算

流动资金投资属于垫付周转金，其资金投入方式也包括一次投入和分次投入两种形式。在理论上，投产第一年所需的流动资金应在项目投产前安排，即第一次投资应发生在建设期末，以后分次投资则陆续发生在运营期内前若干年的年末。

某年流动资金投资额（垫支款）＝本年流动资金需用额－截止上年的流动资金投资额

或：

＝本年流动资金需用额－上年流动资金需用额

本年流动资金需用额＝该年流动资产需用额－该年流动负债需用额

【例6-7】宏业公司拟建的生产线项目，预计投产第一年的流动资产需用额为300 000元，流动负债需用额为150 000元，假定该项投资发生在建设期末；预计投产第二年流动资产需用额为400 000元，流动负债需用额为200 000元，假定该项投资发生在投产后第一年年末。根据上述资料，可估算该项目各项指标如下：

投产第一年的流动资金需用额＝300 000－150 000＝150 000（元）

第一次流动资金投资额＝150 000－0＝150 000（元）

投产第二年的流动资金需用额＝400 000－200 000＝200 000（元）

第二次流动资金投资额＝200 000－150 000＝50 000（元）

流动资金投资合计＝150 000＋50 000＝200 000（元）

（三）经营成本的估算

无论什么类型的投资项目，在运营期都要发生经营成本，它的估算与具体的筹资方案无关。经营成本本来属于时期指标，为简化计算，可假定其发生在运营期各年的年末。

经营成本有加法和减法两种估算公式：

某年经营成本=该年外购原材料燃料和动力费+该年工资及福利费+

该年修理费+该年其他费用

某年经营成本=该年不包括财务费用的总成本费用-该年折旧费-

该年无形资产和其他资产的摊销额

上式中，折旧额和摊销额可根据本项目的固定资产原值、无形资产和其他资产数据，以及这些项目的折旧年限和摊销年限进行测算；不包括财务费用的总成本费用可按照运营期内一个标准年份的正常产销量和预计成本消耗水平进行测算，其计算公式为：

某年不包括财务费用的总成本费用=该年固定成本（含费用）+

单位变动成本（含费用）×该年预计产销量

上述成本中既不包括固定性的财务费用，也不包括变动性的财务费用。

【例6-8】宏业公司拟建的生产线项目，预计投产后第1年外购原材料、燃料和动力费为480 000元，工资及福利费为231 400元，其他费用为40 000元，年折旧费为200 000元，无形资产摊销费为50 000元，开办费摊销费为30 000元；第2～5年每年外购原材料、燃料和动力费为600 000元，工资及福利费为300 000元，其他费用为100 000元，每年折旧费为200 000元，无形资产摊销费为50 000元；第6～20年每年不包括财务费用的总成本费用为1 600 000元，其中，每年外购原材料、燃料和动力费为900 000元，每年折旧费为200 000元，无形资产摊销费为0元。

根据上述资料，估算该项目投产后各年经营成本和不包括财务费用的总成本费用指标如下：

（1）投产后第1年的经营成本=480 000+231 400+40 000=751 400（元）

投产后第2～5年每年的经营成本=600 000+300 000+100 000=1 000 000（元）

投产后第6～20年每年的经营成本=1 600 000-200 000-0=1 400 000（元）[1]

---

[1] 本例中，为了完整反映所用公式的内容，对没有发生额的内容用零来表示，在实际计算时可以省略，下同。

（2）投产后第 1 年不包括财务费用的总成本费用 = 751 400 +（200 000 + 50 000 + 30 000）= 1 031 400（元）

投产后第 2～5 年每年不包括财务费用的总成本费用 = 1 000 000 +（200 000 + 50 000 + 0）= 1 250 000（元）

（四）运营期相关税金的估算

在进行财务可行性评价中，需要估算的运营期相关税金包括税金及附加和调整所得税两项因素。为简化计算，假定它们都发生在运营期各年的年末。

1. 税金及附加的估算

税金及附加的估算，需要通盘考虑项目投产后在运营期内应交纳的消费税、土地增值税、资源税、城市维护建设税和教育费附加等因素；尽管应交增值税不属于税金的范畴，但在估算城市维护建设税和教育费附加时，还要考虑应交增值税因素。

在不考虑土地增值税和资源税的情况下，税金及附加的估算公式如下：

税金及附加 = 应交消费税 + 城市维护建设税 + 教育费附加

其中：

城市维护建设税 =（应交消费税 + 应交增值税）× 城市维护建设税税率

教育费附加 =（应交消费税 + 应交增值税）× 教育费附加率

为简化计算，也可以合并计算城市维护建设税和教育费附加。

【例 6-9】沿用【例 6-8】资料，公司拟建的生产线项目，预计投产后第 1 年营业收入为 1 800 000 万元，第 2～5 年每年营业收入为 2 000 000 元，第 6～20 年每年营业收入为 3 000 000 元；适用的增值税税率为 13%，城建税税率为 7%，教育费附加率为 3%。该企业不缴纳消费税。根据上述资料，可估算出该项目各项指标如下：

投产后第 1 年的应交增值税 =（营业收入 − 外购原材料燃料和动力费）× 增值税税率 =（1 800 000 − 480 000）× 13% = 171 600（元）

投产后第 2～5 年每年的应交增值税 =（2 000 000 − 600 000）× 13% =

182 000（元）

投产后第 6～20 年每年的应交增值税 =（3 000 000 − 900 000）× 13% = 273 000（元）

投产后第 1 年的税金及附加 = 171 600 ×（7% + 3%）= 17 200（元）

投产后第 2～5 年每年的税金及附加 = 182 000 ×（7% + 3%）= 18 200（元）

投产后第 6～20 年每年的税金及附加 = 273 000 ×（7% + 3%）= 27 300（元）

2. 调整所得税的估算

调整所得税是项目可行性研究中的一个专用术语，它是为简化计算而设计的虚拟企业所得税额，其计算公式为：

$$调整所得税 = 息税前利润 \times 适用的企业所得税税率$$

上式中，息税前利润的公式为：

$$息税前利润 = 营业收入 - 不包括财务费用的总成本费用 - 税金及附加$$

【例 6-10】沿用【例 6-9】和【例 6-8】资料，宏业公司适用的所得税税率为 25%，不享受任何减免税待遇。根据上述资料，估算出该项目的各项指标如下：

投产后第 1 年的息税前利润 = 1 800 000 − 1 031 400 − 17 600 = 751 000（元）

投产后第 2～5 年每年的息税前利润 = 2 000 000 − 1 250 000 − 18 200 = 731 800（元）

投产后第 6～20 年每年的息税前利润 = 3 000 000 − 1 600 000 − 27 300 = 1 372 700（元）

投产后第 1 年的调整所得税 = 751 000 × 25% = 187 800（元）

投产后第 2～5 年每年的调整所得税 = 731 800 × 25% = 183 000（元）

投产后第 6～20 年每年的调整所得税 = 1 372 700 × 25% = 343 200（元）

3. 关于增值税的说明

增值税属于价外税，不属于投入类财务可行性要素，也不需要单独估算。但在估算城市维护建设税和教育费附加时，要考虑应交增值税指标。

二、产出类财务可行性要素的估算

产出类财务可行性要素包括以下四项内容:
(1) 在运营期发生的营业收入。
(2) 在运营期发生的补贴收入。
(3) 通常在项目计算期末回收的固定资产余值。
(4) 通常在项目计算期末回收的流动资金。

(一) 营业收入的估算

营业收入应按项目在运营期内有关产品的各年预计单价(不含增值税)和预测销售量(假定运营期每期均可以自动实现产销平衡)进行估算。营业收入也属于时期指标,为简化计算,假定营业收入发生于运营期各年的年末。在项目只生产经营一种产品的条件下,营业收入的估算公式为:

年营业收入 = 该年产品不含税单价 × 该年产品的产销量

【例6-11】宏业公司拟建的生产线项目只生产一种产品,假定该产品的销售单价始终保持为1 000元/件的水平,预计投产后各年的产销量数据如下:第1年为1 880件。第2～5年每年为2 000件,第6～20年每年为3 000件。根据上述资料,估算该项目各项指标如下:

投产后第1年营业收入 = 1 000 × 1 880 = 1 880 000(元)

投产后第2～5年每年营业收入 = 1 000 × 2 000 = 2 000 000(元)

投产后第6～20年每年营业收入 = 1 000 × 3 000 = 3 000 000(元)

(二) 补贴收入的估算

补贴收入是与运营期收益有关的政府补贴,可根据按政策退还的增值税、按销量或工作量分期计算的定额补贴和财政补贴等予以估算。

（三）固定资产余值的估算

在进行财务可行性评价时，假定主要固定资产的折旧年限等于运营期，则终结点回收的固定资产余值等于该主要固定资产的原值与其法定净残值率的乘积，或按事先确定的净残值确定；在运营期内，因更新改造而提前回收的固定资产余值等于其折余价值与预计可变现净收入之差。

（四）回收流动资金的估算

当项目处于终结点时，所有垫付的流动资金都将退出周转，因此，在假定运营期内不存在因加速周转而提前回收流动资金的前提下，终结点一次回收的流动资金必然等于各年垫支的流动资金投资额的合计数。

在进行财务可行性评价时，将在终结点回收的固定资产余值和流动资金统称为回收额。

【例 6-12】沿用【例 6-6】和【例 6-7】计算结果，假定宏业公司拟建生产线项目的固定资产原值在终结点的预计净残值为 400 000 元，全部流动资金在终结点一次回收。根据上述资料，估算该项目各项指标如下：

回收的固定资产余值为 400 000 元

回收的流动资金为 200 000 元

回收额 = 400 000 + 200 000 = 600 000（元）

第三节　财务可行性评价指标

本节在介绍财务可行性评价指标定义的基础上，分别讨论计算这些指标必须考虑的因素、项目现金流量的测算和确定相关折算率的方法，重点研究主要财务可行性评价指标的计算方法，并介绍根据这些指标进行财务可行性评价的技巧。

一、财务可行性评价指标的类型

财务可行性评价指标，是指用于衡量投资项目财务效益大小和评价投入产出关系是否合理，以及评价其是否具有财务可行性所依据的一系列量化指标的统称。由于这些指标不仅可以用于评价投资方案的财务可行性，而且可以与不同的决策方法相结合，作为多方案比较与选择决策的量化标准与尺度，因此在实践中又称为财务投资决策评价指标，简称评价指标。

财务可行性评价指标很多，在这里我们主要介绍静态投资回收期、总投资收益率、净现值、净现值率和内部收益率五个指标。

上述评价指标可以按以下标准进行分类：

（1）按照是否考虑资金时间价值分类，可分为静态评价指标和动态评价指标。前者是指在计算过程中不考虑资金时间价值因素的指标，简称为静态指标，包括：总投资收益率和静态投资回收期；后者是指在计算过程中充分考虑和利用资金时间价值因素的指标。

（2）按指标性质不同，可分为在一定范围内越大越好的正指标和越小越好的反指标两大类。上述指标中只有静态投资回收期属于反指标。

（3）按指标在决策中的重要性分类，可分为主要指标、次要指标和辅助指标。净现值、内部收益率等为主要指标；静态投资回收期为次要指标；总投资收益率为辅助指标。

从总体看，计算财务可行性评价指标需要考虑的因素包括：财务可行性要素、项目计算期的构成、时间价值和投资的风险。其中，前两项因素是计算任何财务可行性评价指标都需要考虑的因素，可以通过测算投资项目各年的净现金流量来集中反映；时间价值则是计算动态指标应当考虑的因素，投资风险既可以通过调整项目净现金流量来反映，也可以通过修改折现率指标来反映。因此本节先介绍测算投资项目各年净现金流量的技巧，然后结合动态评价指标的计算讨论如何确定折现率。

二、投资项目净现金流量的测算

投资项目的净现金流量（又称现金净流量，记作 NCF_t）是指在项目计算期内由建设项目每年现金流入量（记作 CI_t）与每年现金流出量（记作 CO_t）之间的差额所形成的序列指标。其理论计算公式为：

某年净现金流量 = 该年现金流入量 - 该年现金流出量
$$= CI_t - CO_t\ (t = 0,\ 1,\ 2,\ \cdots,\ n)$$

上式中，现金流入量（又称现金流入）是指在其他条件不变时能使现金存量增加的变动量，现金流出量（又称现金流出）是指在其他条件不变时能够使现金存量减少的变动量。

建设项目现金流入量包括的主要内容有：营业收入、补贴收入、回收固定资产余值和回收流动资金等产出类财务可行性要素。

建设项目现金流出量包括的主要内容有：建设投资、流动资金投资、经营成本、维持运营投资、营业税金及附加和企业所得税等投入类财务可行性要素。

显然，净现金流量具有以下两个特征：第一，无论是在运营期内还是在建设期内都存在净现金流量的范畴；第二，由于项目计算期不同阶段的现金流入量和现金流出量发生的可能性不同，使各阶段的净现金流量在数值上表现出不同的特点，如建设期内的净现金流量一般小于或等于零；在运营期内的净现金流量则多为正值。

净现金流量又包括所得税前净现金流量和所得税后净现金流量两种形式。前者不受筹资方案和所得税政策变化的影响，是全面反映投资项目方案本身财务获利能力的基础数据。计算时，现金流出量的内容中不考虑调整所得税因素；后者则将所得税视为现金流出，可用于评价在考虑所得税因素时项目投资对企业价值所作的贡献。可以在税前净现金流量的基础上，直接扣除调整所得税求得。

（一）确定建设项目净现金流量的方法

确定一般建设项目的净现金流量，可分别采用列表法和简化法两种方法。列表法是指通过编制现金流量表来确定项目净现金流量的方法，又称一般方法，这是无论在什么情况下都可以采用的方法；简化法是指在特定条件下直接利用公式来确定项目净现金流量的方法，又称特殊方法或公式法。

1. 列表法

在项目投资决策中使用的现金流量表，是用于全面反映某投资项目在其未来项目计算期内每年的现金流入量和现金流出量的具体构成内容，以及净现金流量水平的分析报表。它与财务会计使用的现金流量表在具体用途、反映对象、时间特征、表格结构和信息属性等方面都存在较大差异。

项目投资现金流量表要根据项目计算期内每年预计发生的具体现金流入量要素与同年现金流出量要素逐年编制。同时还要具体详细列示所得税前净现金流量、累计所得税前净现金流量、所得税后净现金流量和累计所得税后净现金流量，并要求根据所得税前后的净现金流量分别计算两套内部收益率、净现值和投资回收期等可行性评价指标。

与全部投资的现金流量表相比，项目资本金现金流量表的现金流入项目没有变化，但现金流出项目不同，其具体内容包括：项目资本金投资、借款本金偿还、借款利息支付、经营成本、营业税金及附加、所得税和维持运营投资等。此外，该表只计算所得税后净现金流量，并据此计算资本金内部收益率指标。

【例6-13】宏业公司拟建生产线项目的建设投资估算额及投入时间如【例6-2】所示，流动资金投资的估算额及投入时间如【例6-7】所示，各年经营成本的估算额如【例6-8】所示，各年调整所得税的估算额如【例6-10】所示，各年营业收入和营业税金及附加的估算额如【例6-9】所示，回收额的估算额如【例6-12】所示。根据上述资料，编制该项目投资现金流量表如表6-1所示。

表6-1 宏业公司生产线投资项目现金流量表（项目投资）

价值单位：万元

项目计算期（第t年）	建设期 0	建设期 1	2	3	4	5	运营期 6	7	8	9	…	21	22	合计
1 现金流入量				180	200	200	200	200	300	300	…	300	360	5540
1.1 营业收入				180	200	200	200	200	300	300	…	300	300	5480
1.2 补贴收入														
1.3 回收固定资产余值													40	40
1.4 回收流动资金													20	20
2 现金流出量	100	300	83	81.82	101.82	101.82	101.82	101.82	142.73	142.73	…	142.73	142.73	3113.05
2.1 建设投资	100	300	68											468.00
2.2 流动资金投资			15	5.00										20.00
2.3 经营成本				75.1	100	100	100	100	140	140		140	140	2575.1
2.4 税金及附加				1.72	1.82	1.82	1.82	1.82	2.73	2.73	…	2.73	2.73	49.95
2.5 维持运营投资														
3 所得税前净现金流量	-100	-300	-83	98.18	98.18	98.18	98.18	98.18	157.27	157.27	…	157.27	217.27	2426.95

续表

项目计算期（第t年）	建设期			运营期							...			合计
	0	1	2	3	4	5	6	7	8	9	...	21	22	
4 累计所得税前净现金流量	-100	-400	-483	-384.82	-286.64	-188.46	-90.28	7.90	165.17	322.44	...	2209.68	2426.95	—
5 调整所得税（25%）				18.78	18.30	18.30	18.30	18.30	33.32	33.32	...	33.32	33.32	591.78
6 所得税后净现金流量	-100	-300	-83	79.40	79.88	79.88	79.88	79.88	123.95	123.95	...	123.95	183.95	1835.17
7 累计所得税后净现金流量	-100	-400	-483	-403.60	-323.72	-243.84	-163.96	-84.08	39.87	163.82	...	2243	1835.17	—

计算指标：
净现值（所得税前）=482.45万元（基准折现率为10%）　净现值（所得税后）=292.04万元（基准折现率为10%）
内部收益率（所得税前）=20.01%　　　　　　　　　　　内部收益率（所得税后）=16.55%
包括建设期的投资回收期（所得税前）=6.95年
不包括建设期的投资回收期（所得税前）=4.95年
包括建设期的投资回收期（所得税后）=7.70年
不包括建设期的投资回收期（所得税后）=5.70年

2. 简化法

除更新改造项目外，新建投资项目的建设期净现金流量可直接按以下简化公式计算：

$$建设期某年净现金流量（NCF_t）= -该年原始投资额$$
$$= -I_t\ (t=0,\ 1,\ \cdots,\ s,\ s\geq 0)$$

上式中，I_t 为第 t 年原始投资额；s 为建设期年数。

由上式可见，当建设期 s 不为零时，建设期净现金流量的数量特征取决于其投资方式是分次投入还是一次投入。

投资项目的运营期所得税前净现金流量可按以下简化公式计算：

运营期某年所得税前净现金流量 = 该年息税前利润 + 该年折旧 + 该年摊销 + 该年回收额 − 该年维持运营投资 − 该年流动资金投资

$$= EBIT_t + D_t + M_t + R_t - Q_t - C_t\ (t=s+1,\ s+2,\ \cdots,\ n)$$

上式中，$EBIT_t$ 为第 t 年的息税前利润；D_t 为第 t 年的折旧费；M_t 为第 t 年的摊销费；R_t 为第 t 年的回收额；Q_t 为第 t 年维持运营投资；C_t 为第 t 年流动资金投资。

【例 6-14】宏业公司拟建生产线项目的建设投资估算额及投入时间如【例 6-2】所示，流动资金投资的估算额及投入时间如【例 6-7】所示，各年折旧额和摊销额如【例 6-8】所示，各年息税前利润如【例 6-10】所示，回收额的估算额如【例 6-12】所示。根据上述资料，按简化法估算的该项目投资各年所得税前净现金流量如下：

建设期的所得税前净现金流量：

$NCF_0 = -100$ 万元；$NCF_1 = -300$ 万元；$NCF_2 = -(68+15) = -83$（万元）

运营期的所得税前净现金流量：

$NCF_3 = 75.1 + 20 + (5+3) + 0 - 0 - 5 = 98.2$（万元）

$NCF_{4-7} = 73.18 + 20 + (5+0) + 0 - 0 - 0 = 98.18$（万元）

$NCF_{9-21} = 137.27 + 20 + (0+0) + 0 - 0 - 0 = 157.27$（万元）

$NCF_{22} = 137.27 + 20 + (0+0) + 60 - 0 - 0 = 217.27$（万元）

通过比较本例和【例 6-13】的计算结果可以发现，简化法与列表法的计算结果完全相同。

对新建项目而言，所得税因素不会影响建设期的净现金流量，只会影响运营期的净现金流量。运营期的所得税后净现金流量（NCF_t'）可按以下简化公式计算：

运营期某年所得税后净现金流量=该年所得税前净现金流量-
（该年息税前利润-利息）×所得税税率=$NCF_t - (EBIT_t - 1) \cdot T$

上式中，NCF_t为第t年的所得税前净现金流量，T为适用的企业所得税税率。

【例6-15】宏业公司各年所得税前净现金流量如【例6-13】所示，各年息税前利润如【例6-10】所示，适用的企业所得税税率如【例6-10】所示。根据上述资料，并假定本例中财务费用（利息）为0，按简化法估算该项目运营期各年所得税后净现金流量如下：

$NCF_3' = 98.18 - 75.1 \times 25\% \approx 79.4$（万元）

$NCF_{4-7}' = 98.18 - 73.18 \times 25\% \approx 79.88$（万元）

$NCF_{9-21}' = 157.27 - 137.27 \times 25\% \approx 122.95$（万元）

$NCF_{22}' = 217.27 - 137.27 \times 25\% \approx 182.95$（万元）

（二）单纯固定资产投资项目净现金流量的确定方法

如果某投资项目的原始投资中只涉及形成固定资产的费用，而不涉及形成无形资产的费用、形成其他资产的费用或流动资产投资，甚至连预备费也可以不予考虑，则该项目就属于单纯固定资产投资项目。

从这类项目所得税前现金流量的内容看，仅涉及建设期增加的固定资产投资和终结点发生的固定资产余值，在运营期发生的因使用该固定资产而增加的营业收入、增加（或节约）的经营成本、增加的营业税金及附加。这些因素集中会表现为运营期息税前利润的变动和折旧的变动。因此，估算该类项目的净现金流量可直接应用以下公式：

建设期净现金流量：

建设期某年的净现金流量＝-该年发生的固定资产投资额

运营期净现金流量：

运营期某年所得税前净现金流量＝该年因使用该固定资产新增的息税前利润＋该年因使用该固定资产新增的折旧＋该年回收的固定资产净残值

运营期某年所得税后净现金流量＝运营期某年所得税前净现金流量－（该年因使用该固定资产新增的息税前利润－利息）×所得税税率

【例6-16】某企业拟购建一项固定资产，需在建设起点一次投入全部资金1100万元均为自有资金，建设期为一年。固定资产的预计使用寿命10年，期末有100万元净残值，按直线法折旧。预计投产后每年可使企业新增100万元息税前利润。适用的企业所得税税率为25%。根据上述资料，估算该项目各项指标如下：

项目计算期 = 1 + 10 = 11（年）

固定资产原值为1100万元，投产后第1～10年每年的折旧额 $=\dfrac{1100-100}{10}=100$（万元）

建设期净现金流量：

$NCF_0 = -1100$ 万元，$NCF_1 = 0$ 元

运营期所得税前净现金流量：

$NCF_{2-10} = 100 + 100 + 0 = 200$（万元）

$NCF_{11} = 100 + 100 + 100 = 300$（万元）

运营期所得税后净现金流量：

$NCF_{2-10}' = 200 - 100 \times 25\% = 175$（万元）

$NCF_{22}' = 300 - 100 \times 25\% = 275$（万元）

三、静态评价指标的计算方法及特征

（一）静态投资回收期

静态投资回收期（简称回收期），是指以投资项目经营净现金流量抵偿原始总投资所需要的全部时间。它有"包括建设期的投资回收期（记作PP）"和"不包括建设期的投资回收期（记作PP'）"两种形式。

确定静态投资回收期指标可分别采取公式法和列表法。

1. 公式法

公式法又称为简化方法。如果某一项目运营期内前若干年（假定为 $s+1 \sim s+m$ 年，共 m 年）每年净现金流量相等，且其合计大于或等于建设期发生的原始投资合计，可按以下简化公式直接求出投资回收期：

$$不包括建设期的回收期(PP') = \frac{建设期发生的原始投资合计}{运营期内前若干年每年相等的净现金流量}$$

$$= \frac{\sum_{t=0}^{n} I_t}{NCF_{(s+1)'-(s+m)}}$$

$$包括建设期的回收期(PP) = 不包括建设期的回收期 + 建设期$$

$$= PP' + s$$

上式中，I_t 为建设期第 t 年发生的原始投资。

如果全部流动资金投资均不发生在建设期内，则上式分子应调整为建设投资合计。

【例6-17】某投资项目的所得税前净现金流量如下：NCF_0 为 -100 万元，NCF_1 为 0 元，NCF_{2-10} 为 200 万元，NCF_{11} 为 300 万元。

根据上述资料，计算静态回收期如下：

建设期 $s=1$（年），投产后 2~10 年净现金流量相等，$m=9$（年）

运营期前 9 年每年净现金流量 $NCF_{2-10} = 200$（万元）

建设发生的原始投资合计 $\sum_{t=0}^{n} I_t = 1000$（万元）

∵ $m \times$ 运营期前 m 年每年相等的净现金流量 $= 9 \times 200 = 1800 >$ 原始投资额 $= 1000$（万元）

∴ 可以使用简化公式计算静态回收期

不包括建设期的投资回收期（所得税前）$PP' = \dfrac{1000}{200} = 5$（年），包括建设期的投资回收期（所得税前）$PP = PP' + s = 5 + 1 = 6$（年）

读者可以根据【例6-14】中所列示的宏业公司所得税前净现金流量资料，判断能否直接利用公式法计算该项目所得税前的投资回报期。

公式法所要求的应用条件比较特殊,包括:项目运营期内前若干年内每年的净现金流量必须相等,这些年内的净现金流量之和应大于或等于建设期发生的原始投资合计。如果不能满足上述条件,就无法采用这种方法,必须采用列表法。

2. 列表法

所谓列表法是指通过列表计算"累计净现金流量"的方式来确定包括建设期的投资回收期,进而推算出不包括建设期的投资回收期的方法。因为无论在什么情况下,都可以通过这种方法来确定静态投资回收期,所以此法又称为一般方法。

该法的原理是:按照回收期的定义,包括建设期的投资回收期 PP 满足以下关系式,即:

$$\sum_{t=0}^{pp} NCF_t = 0$$

这表明在财务现金流量表的"累计净现金流量"一栏中,包括建设期的投资回收期 PP 恰好是累计净现金流量为零的年限。

【例 6-18】沿用【例 6-17】数据。据此按列表法编制的表格见表 6-2。

表6-2　某固定资产投资项目现金流量表(项目投资)

价值单位:万元

项目计算期 (第 t 年)	建设期		经营期								合计
	0	1	2	3	4	5	6	…	10	11	
…	…	…	…	…	…	…	…	…	…	…	…
所得税前净现金流量	-1100	0	200	200	200	200	200		200	300	1100
累计所得税前净现金流量	-1100	-1000	-800	-600	-400	-200	0		+800	+1100	—

∵ 第 6 年的累计净现金流量为零

∴ $PP = 6$ 年

$PP' = 6-1 = 5$（年）

本例表明，按列表法计算的结果与按公式法计算的结果相同。

如果无法在"累计净现金流量"栏上找到零，必须按下式计算包括建设期的投资回收期 PP：

包括建设期的投资回收期（PP）= 最后一项为负值的累计净现金流量对应的年数 + 最后一项为负值的累计净现金流量绝对值 ÷ 下一年度净现金流量

或：

$$= 累计净现金流量第一次出现正值的年份 - 1 + \frac{该年初尚未回收的投资}{该年净现金流量}$$

【例 6-19】表 6-3 是【例 6-13】中表 6-1 的一部分。据此可按列表法确定该投资项目的静态投资回收期。

表6-3　宏业公司生产线项目现金流量表（项目投资）

价值单位：万元

项目计算期（第t年）	0	1	2	3	4	5	6	7	8	…	22	合计
所得税前净现金流量	-100	-300	-83	97.62	97.62	97.62	97.62	97.62	156.43	…	216.43	2411.55
累计所得税前净现金流量	-100	-400	-483	-385.38	-287.76	-190.14	-92.52	5.10	161.53	…	2 411.55	—
所得税后现金流量	-100	-300	-83	78.96	79.46	79.46	79.46	79.46	122.32	…	182.32	1808.60
累计所得税后净现金流量	-100	-400	-483	-404.04	-324.58	-245.12	-165.66	-86.20	36.12	…	1808.60	—

∴ 第 6 年的累计所得税前净现金流量小于零

第 7 年的累计所得税前净现金流量大于零

∴ 包括建设期的投资回收期（所得税前）$PP = 6 + \dfrac{|-92.52|}{97.62} \approx 6.95$（年）

不包括建设期的投资回收期（所得税前）$PP\,' = 6.95 - 2 = 4.95$（年）

同理，可计算出所得税后的投资回收期指标分别为 7.70 年和 5.70 年。

静态投资回收期的优点是能够直观地反映原始投资的返本期限，便于理解，计算也不难，可以直接利用回收期之前的净现金流量信息。缺点是没有考虑资金时间价值因素和回收期满后继续发生的净现金流量，不能正确反映投资方式不同对项目的影响。

只有静态投资回收期指标小于或等于基准投资回收期的投资项目才具有财务可行性。

（二）总投资收益率

总投资收益率，又称投资报酬率（记作 ROI），是指运营期正常年份的年息税前利润或运营期年均息税前利润占项目总投资的百分比。

总投资利润率的计算公式为：

$$总投资收益率（ROI）= \frac{年息税前利润或年均息税前利润}{项目总投资} \times 100\%$$

总投资收益率的优点是计算公式简单；缺点是没有考虑资金时间价值因素，不能正确反映建设期长短及投资方式同和回收额的有无等条件对项目的影响，分子、分母的计算口径的可比性差，无法直接利用净现金流量信息。

只有总投资收益率指标大于或等于基准总投资收益率指标的投资项目才具有财务可行性。

四、动态评价指标的计算及特征

（一）折现率的确定

（1）在财务可行性评价中，折现率（记作 i_c）是指计算动态评价指标所依据的一个重要参数，财务可行性评价中的折现率可以按以下方法确定：

第一，以拟投资项目所在行业（而不是单个投资项目）的权益资本必要收益率作为折现率，适用于资金来源单一的项目；第二，以拟投资项目所在行业（而不是单个投资项目）的加权平均资金成本作为折现率，适用于相关数据齐备的行业；第三，以社会的投资机会成本作为折现率，适用于已经持有投资所需资金的项目；第四，以国家或行业主管部门定期发布的行业基准资金收益率作为折现率，适用于投资项目的财务可行性研究和建设项目评估中的净现值和净现值率指标的计算；第五，完全人为主观确定折现率，适用于按逐次测试法计算内部收益率指标。本章中所使用的折现率，按第四种方法或第五种方法确定。

（2）关于财务可行性评价中使用的折现率，必须在理论上明确以下问题：

第一，折现率与金融业务中处理未到期票据贴现中所使用的票据贴现率根本不是一个概念，不得将两者相混淆，最好也不要使用"贴现率"这个术语；第二，在确定折现率时，往往需要考虑投资风险因素，可人为提高折现率水平，而反映时间价值的利息率或贴现率则通常不考虑风险因素；第三，折现率不应当也不可能根据单个投资项目的资本成本计算出来。因为在财务可行性评价时，不是以筹资决策和筹资行为的实施为前提。筹资的目的是投资项目筹措资金，只有具备财务可行性的项目才有进行筹资决策的必要，所以投资决策与筹资决策在时间顺序上不能颠倒位置，更不能互为前提。除非假定投资决策时项目所需资金已经全部筹措到位，否则，对于是否具有财务可行性都不清楚的投资项目，根本没有进行筹资决策的必要，也无法算出其资本成本。即使已经持有投资所需资金的项目，也不能用筹资形成的资本成本作为折现率，因为由筹资所形成的资本成本中只包括了资金供给者（原始投资者）所考虑的向筹资者进行投资的风险，并没有考虑资金使用者（企业）利用这些资金进行直接项目投资所面临的风险因素。

（二）净现值

净现值（记作 NPV），是指在项目计算期内，按设定折现率或基准收益率计算的各年净现金流量现值的代数和。其理论计算公式为：

净现值（NPV）= $\sum_{t=0}^{n}$（第t年的净现金流量×第t年的复利现值系数）

1. 净现值指标计算的一般方法

（1）公式法。本法是指根据净现值的定义，直接利用理论计算公式来完成该指标计算的方法。

（2）列表法。本法是指通过在现金流量表计算净现值指标的方法。即在现金流量表上，根据已知的各年净现金流量，分别乘以各年的复利现值系数，从而计算出各年折现的净现金流量，最后求出项目计算期内折现的净现金流量的代数和，就是所求的净现值指标。

【例6-20】某投资项目的所得税前净现金流量如下：NCF_0为-100万元，NCF_1为0元，NCF_{2-10}为200万元，NCF_{11}为300万元。假定该投资项目的基准折现率为20%。

根据上述资料，按公式法计算的该项目净现值如下：

NPV = -1100×1 - 0×0.9091 + 200×0.8264 + 200×0.7513 + 200×0.6830 + 200×0.6209+ 200×0.5645 + 200×0.5132 + 200×0.4665 + 200×0.4241 + 200×0.3855+ 300×0.3505 ≈ 52.23（万元）

根据上述资料，用列表法计算该项目净现值见表6-4。

表6-4 某工业投资项目现金流量表（项目投资）

单位：万元

项目计算期 （第t年）	建设期		经营期							合计
	0	1	2	3	4	5	…	10	11	
…	…	…	…	…	…	…	…	…	…	
所得税前 净现金流量	-1100	0	200	200	200	200	…	200	300	3290
10%的复 利现值系数	1.0000	0.9091	0.8264	0.7513	0.6830	0.6209	…	0.3855	0.3505	…
折现的净 现金流量	-1100.00	0.00	165.28	150.26	136.60	124.18	…	77	105	52.53

由表 6-4 的数据可见，该方案折现的净现金流量合计数即净现值为 52.23 万元，与公式法的计算结果相同。

2. 净现值指标计算的特殊方法

本法是指在特殊条件下，当项目投产后净现金流量表现为普通年金或递延年金时，可以利用计算年金现值或递延年金现值的技巧直接计算出项目净现值的方法，又称简化方法。

由于项目各年的净现金流量 NCF_t（$t = 0, 1, \cdots, n$）属于系列款项，所以当项目的全部原始投资均于建设期投入，运营期不再追加投资，投产后的净现金流量表现为普通年金或递延年金的形式时，就可视情况不同分别按不同的简化公式计算净现值指标。

特殊方法一：当建设期为零，投产后的净现金流量表现为普通年金形式时，公式为：

$$NPV = NCF_0 + NCF_{1-n} \cdot (P/A, i_c, n)$$

【例 6-21】NCF_{1-10} 某投资项目的所得税前净现金流量如下：NCF_0 为 −100 万元，NCF_{1-10} 为 20 万元；假定该项目的基准折现率为 10%。则按照简化方法计算的该项目的净现值（所得税前）如下：

$$NPV = -100 + 20 \times (P/A, 10\%, 10) = 22.8914 \approx 22.89（万元）$$

特殊方法二：当建设期为零，运营期第 1 ~ n 每年不含回收额的净现金流量相等，但终结点第 n 年有回收额 R_n（如残值）时，可按两种方法求净现值。

① 将运营期 1 ~（n − 1）年每年相等的不含回收额净现金流量视为普通年金，第 n 年净现金流量视为第 n 年终值。公式如下：

$$NPV = NCF_0 + NCF_{1-(n-1)} \cdot (P/A, i_c, n-1) + NCF_n \cdot (P/F, i_c, n)$$

② 将运营期 1 ~ n 年每年相等的不含回收额净现金流量按普通年金处理，第 n 年发生的回收额单独作为该年终值。公式如下：

$$NPV = NCF_0 + NCF_{1-n} \cdot (P/A, i_c, n) + R_n \cdot (P/F, i_c, n)$$

【例 6-22】某投资项目的所得税前净现金流量如下：NCF_0 为 −100 万元，NCF_{1-9} 为 19 万元，NCF_{10} 为 29 万元；假定该项目的基准折现率为 10%。则按照简化方法计算该项目的净现值（所得税前）如下：

$$NPV = -100 + 19 \times (P/A, 10\%, 9) + 29 \times (P/F, 10\%, 10)$$

或：

$$= -100 + 19 \times (P/A, 10\%, 10) + 10 \times (P/F, 10\%, 10)$$
$$= 20.6062 \approx 20.60（万元）$$

特殊方法三：当建设期不为零，全部投资在建设起点一次投入，运营期每年净现金流量为递延年金形式时，公式为：

$$NPV = NCF_0 + NCF_{(s-1)-n} \cdot [(P/A, i_c, n) - (P/A, i_c, S)]$$

或

$$= NCF_0 + NCF_{(s+1)-n} \cdot (P/A, i_c, n-S) \cdot (P/F, i_c, S)$$

【例6-23】某项目的所得税前净现金流量数据如下：NCF_0 为 -100 万元，NCF_1 为 0，NCF_{2-11} 为 20 万元；假定该项目的基准折现率为10%。则按简化方法计算的该项目净现值（所得税前）如下：

$$NPV = -100 + 20 \times [(P/A, 10\%, 11) - (P/A, 10\%, 1)]$$

或：

$$= -100 + 20 \times (P/A, 10\%, 10) \times (P/F, 10\%, 1)$$
$$= 11.7194 \approx 11.72（万元）$$

特殊方法四：当建设期不为零，全部投资在建设起点分次投入，投产后每年净现金流量为递延年金形式时，公式为：

$$NPV = NCF_0 + NCF_1 \cdot [(P/F, i_c, 1) + \cdots + NCF_s (P/F, i_c, S)$$
$$+ NCF_{(s+1)-n} \cdot (P/A, i_c, n) - (P/A, i_c, S)]$$

【例6-24】某项目的所得税前净现金流量数据如下：NCF_{0-1} 为 -50 万元，NCF_{2-11} 为 20 万元；假定该项目的基准折现率为10%。则按简化方法计算的该项目净现值（所得税前）如下：

$$NPV = -50 - 50 \times (P/F, 10\%, 1) + 20 \times [(P/A, 10\%, 11) - (P/A, 10\%, 1)] = 16.2648 \approx 16.26（万元）$$

净现值指标的优点是综合考虑了资金时间价值、项目计算期内全部净现金流量信息和投资风险；缺点在于无法从动态的角度直接反映投资项目的实际收益率水平，与静态投资回收期指标相比，计算过程比较烦琐。

只有净现值指标大于或等于零的投资项目才具有财务可行性。

（三）净现值率

净现值率（记作 NPVR），是指投资项目的净现值占原始投资现值总和的比率，亦可将其理解为单位原始投资的现值所创造的净现值。

净现值率的计算公式为：

$$净现值率（NPVR）= \frac{项目的净现值}{原始投资的现值合计}$$

【例6-25】某项目的净现值（所得税前）为16.2648万元，原始投资现值合计为95.4545万元。则按简化方法计算的该项目净现值率（所得税前）如下：

$$NPVR = \frac{16.2648}{95.4545} \approx 0.17$$

净现值率的优点是可以从动态的角度反映项目投资的资金投入与净产出之间的关系，计算过程比较简单；缺点是无法直接反映投资项目的实际收益率。

只有该指标大于或等于零的投资项目才具有财务可行性。

（四）内部收益率

内部收益率（记作 IRR），是指项目投资实际可望达到的收益率。实质上，它是能使项目的净现值等于零时的折现率。IRR 满足下列等式：

$$\sum_{t=0}^{n}[NCF_t \cdot (P/F, IRR, t)] = 0$$

1. 内部收益率指标计算的特殊方法

该法是指当项目投产后的净现金流量表现为普通年金的形式时,可以直接利用年仅现值系数计算内部收益率的方法,又称为简便算法。

该法所要求的充分而必要的条件是:项目的全部投资均于建设起点一次投入,建设期为零,建设起点第 0 期净现金流量等于全部原始投资的负值,即:$NCF_0 = -I$;投产后每年净现金流量相等,第 1 至第 n 期每期净现金流量取得了普通年金的形式。

应用本法的条件十分苛刻,只有当项目投产后的净现金流量表现为普通年金的形式时才可以直接利用年金现值系数计算内部收益率,在此法下,内部收益率 IRR 可按下式确定:

$$(P/A, IRR, n) = \frac{I}{NCF}$$

式中,I 为在建设起点一次投入的原始投资;$(P/A, IRR, n)$ 是 n 期、设定折现率为 IRR 的年金现值系数;NCF 为投产后 1～n 年每年相等的净现金流量($NCF_1 = NCF_2 = \cdots = NCF_n = NCF$,$NCF$ 为一常数,$NCF \geq 0$)。

特殊方法的具体程序如下:

(1)按上式计算 $(P/A, IRR, n)$ 的值,假定该值为 C,则 C 值必然等于该方案不包括建设期的回收期。

(2)根据计算出来的年金现值系数 C,查 n 年的年金现值系数表。

(3)若在 n 年系数表上恰好能找到等于上述数值 C 的年金现值系数 $(P/A, r_m, n)$,则该系数所对应的折现率 r_m 即为所求的内部收益率 IRR。

(4)若在系数表上找不到事先计算出来的系数值 C,则需要找到系数表上同期略大于及略小于该数值的两个临界值 C_m 和 C_{m+1} 及相对应的两个折现率 r_m 和 r_{m+1},然后应用内插法计算近似的内部收益率。即如果以下关系成立:

$$(P/A, r_m, n) = C_m > C$$
$$(P/A, r_{m+1}, n) = C_{m+1} < C$$

就可按下列具体公式计算内部收益率 IRR:

$$IRR = r_m + \frac{C_m - C}{C_m - C_{m+1}} \cdot (r_{m+1} - r_m)$$

为缩小误差,按照有关规定,r_{m+1} 与 r_m 之间的差不得大于 5%。

【例6-26】某投资项目在建设起点一次性投资254 580元，当年完工并投产，投产后每年可获净现金流量50 000元，运营期为15年。

根据上述资料，判断其用特殊方法计算该项目的内部收益率如下：

（1）∵ $NCF_0 = -254\,580$ $NCF_{1-15} = 50\,000$

∴ 此题可采用特殊方法

（2）$(P/A, IRR, 15) = \dfrac{254\,590}{50\,000} = 5.0916$

查15年的年金现值系数表：

∵ $(P/A, 18\%, 15) = 5.0916$

∴ $IRR = 18\%$

【例6-27】某投资项目的所得税前净现金流量如下：NCF_0 为 -100万元，NCF_{1-10} 为20万元。根据上述资料，可用特殊方法计算内部收益率如下：

$(P/A, IRR, 10) = \dfrac{100}{20} = 5.0000$

查10年的年金现值系数表：

∵ $(P/A, 14\%, 10) = 5.2161 > 5.0000$

$(P/A, 16\%, 10) = 4.8332 < 5.0000$

∴ $14\% < IRR < 16\%$，应用内插法

$IRR = 14\% + \dfrac{5.2161 - 5.0000}{5.2161 - 4.8332} \times (16\% - 14\%) \approx 15.13\%$

2. 内部收益率指标计算的一般方法

该法是指通过计算项目不同设定折现率的净现值，然后根据内部收益率的定义所揭示的净现值与设定折现率的关系，采用一定技巧，最终设法找到能使净现值等于零的折现率——内部收益率 IRR 的方法，又称为逐次测试逼近法（简称逐次测试法）。如项目不符合直接应用简便算法的条件，必须按此法计算内部收益率。

一般方法的具体应用步骤如下：

（1）自行设定一个折现率 r_1，代入计算净现值的公式，求出按 r_1 为折现率的净现值 NPV_1，并进行下面的判断。

（2）净现值 $NPV_1 = 0$，则内部收益率 $IRR = r_1$，计算结束；若净现值 $NPV_1 > 0$，则内部收益率 $IRR > r_1$，应重新设定 $r_2 > r_1$，再将 r_2 代入有关计算净现值的公式，求出 r_2 为折现率的净现值 NPV_2，继续进行下一轮的判断；若净现值 $NPV_1 < 0$，则内部收益率 $IRR < r_1$，应重新设定 $r_2 < r_1$，再将 r_2 代入有关计算净现值的公式，求出 r_2 为折现率的净现值 NPV_2，继续进行下一轮的判断。

（3）经过逐次测试判断，有可能找到内部收益率 IRR。每一轮判断的原则相同。若设 r_j 为第 j 次测试的折现率，NPV_j 为按 r_j 计算的净现值，则有：

当 $NPV_j > 0$ 时，$IRR > r_j$，继续测试；

当 $NPV_j < 0$ 时，$IRR < r_j$，继续测试；

当 $NPV_j = 0$ 时，$IRR = r_j$，测试完成。

（4）若经过有限次测试，已无法继续利用有关货币时间价值系数表，仍未求得内部收益率 IRR，则可利用最为接近零的两个净现值正负临界值 NPV_m、NPV_{m+1} 及其相应的折现率 r_m、r_{m+1} 四个数据，应用内插法计算近似的内部收益率。

即如果以下关系成立：

$$NPV_m > 0$$
$$NPV_{m+1} < 0$$
$$r_m < r_{m+1}$$
$$r_{m+1} - r_m \leq d\ (2\% \leq d < 5\%)$$

就可以按下列具体公式计算内部收益率 IRR：

$$IRR = r_m + \frac{NPV_m - 0}{NPV_m - NPV_{m+1}} \cdot (r_{m+1} - r_m)$$

【例 6-28】某投资项目只能用一般方法计算内部收益率。按照逐次测试逼近法的要求，自行设定折现率并计算净现值，据此判断调整折现率。经过

5次测试，得到表6-5所示的数据（计算过程略）。

表6-5 逐次测试逼近法数据资料

价值单位：万元

测试次数j	设定折现率r_j	净现值NPV_j（按r_j计算）
1	10%	+918.3839
2	30%	-192.7991
3	20%	+217.3128
4	24%	-39.3177
5	26%	-30.1907

计算该项目的内部收益率IRR的步骤如下：

∵ $NPV_m = +39.3177 > NPV_{m+1} = -30.1907$

$r_m = 24\% < r_{m+1} = 26\%$

$26\% - 24\% = 2\% < 5\%$

∴ $24\% < IRR < 26\%$

应用内插法：

$$IRR = 24\% + \frac{39.3177 - 0}{39.3177 - (-30.1907)} \times (26\% - 24\%) \approx 25.13\%$$

上面介绍的计算内部收益率的两种方法中，都涉及了内插法的应用技巧，尽管具体应用条件不同，公式也存在差别，但该法的基本原理是一致的，即假定自变量在较小变动区间内，它与因变量之间的关系可以用线性模型来表示，因而可以采取近似计算的方法进行处理。

内部收益率的优点是既可以从动态的角度直接反映投资项目的实际收益率水平，又不受基准收益率高低的影响，比较客观。缺点是计算过程复杂，尤其当运营期内大量追加投资时，有可能导致多个内部收益率出现，或偏高或偏低，缺乏实际意义。

只有当该指标大于或等于基准折现率的投资项目才具有财务可行性。

（五）动态指标之间的关系

净现值 NPV、净现值率 NPVR 和内部收益率 IRR 指标之间存在以下数量关系：

当 $NPV > 0$ 时，$NPVR > 0$，$IRR > i_c$；

当 $NPV = 0$ 时，$NPVR = 0$，$IRR = i_c$；

当 $NPV < 0$ 时，$NPVR < 0$，$IRR < i_c$。

此外，净现值率 NPVR 的计算需要在已知净现值 NPV 的基础上进行，内部收益率 IRR 在计算时也需要利用净现值 NPV 的计算技巧。这些指标都会受到建设期的长短、投资方式，以及各年净现金流量的数量特征的影响。所不同的是 NPV 为绝对量指标，其余为相对数指标，计算净现值 NPV 和净现值率 NPVR 所依据的折现率都是事先已知的 i_c，而内部收益率 IRR 的计算本身与 i_c 的高低无关。

五、运用相关指标评价投资项目的财务可行性

财务可行性评价指标的首要功能，就是用于评价某个具体的投资项目是否具有财务可行性。在投资决策的实践中，必须对所有已经具备技术可行性的投资备选方案进行财务可行性评价。不能全面掌握某一具体方案的各项评价指标，或者所掌握的评价指标的质量失真，都无法完成投资决策的任务。

（一）判断方案完全具备财务可行性的条件

如果某一投资方案的所有评价指标均处于可行区间，即同时满足以下条件时，则可以断定该投资方案无论从哪个方面看都具备财务可行性，或完全具备可行性。

(1) 净现值 $NPV \geqslant 0$。

(2) 净现值率 $NPVR \geqslant 0$。

(3) 内部收益率 $IRR \geqslant$ 基准折现率 i_c。

（4）包括建设期的静态投资回收期 $PP \leq \dfrac{n}{2}$（即项目计算期的一半）。

（5）不包括建设期的静态投资回收期 $PP' \leq \dfrac{p}{2}$（即运营期的一半）。

（6）总投资收益率 $ROI \geq$ 基准总投资收益率 i（事先给定）。

（二）判断方案是否完全不具备财务可行性的条件

如果某一投资项目的评价指标均处于不可行区间，即同时满足以下条件时，则可以断定该投资项目无论从哪个方面看都不具备财务可行性，或完全不具备可行性，应当彻底放弃该投资方案。

（1）$NPV < 0$。

（2）$NPVR < 0$。

（3）$IRR < i_c$。

（4）$PP > \dfrac{n}{2}$。

（5）$PP' > \dfrac{p}{2}$。

（6）$ROI < i$。

（三）判断方案是否基本具备财务可行性的条件

如果在评价过程中发现某项目的主要指标处于可行区间（如 $NPV \geq 0$，$NPVR \geq 0$，$IRR \geq i_c$），但次要或辅助指标处于不可行区间（如 $PP > \dfrac{n}{2}$，$PP' > \dfrac{p}{2}$ 或 $ROI < i$），则可以断定该项目基本上具有财务可行性。

（四）判断方案是否基本不具备财务可行性的条件

如果在评价过程中发现某项目出现 $NPV < 0$、$NPVR < 0$、$IRR < i_c$ 的情况，即使有 $PP \leq \dfrac{n}{2}$，$PP' \leq \dfrac{p}{2}$ 或 $ROI \geq i$ 发生，也可断定该项目基本上不具有财务可行性。

（五）其他应当注意的问题

在对投资方案进行财务可行性评价过程中，除了要熟练掌握和运用上述判定条件外，还必须明确以下两点：

第一，主要评价指标在评价财务可行性的过程中起主导作用。

在对独立项目进行财务可行性评价和投资决策的过程中，当静态投资回收期（次要指标）或总投资收益率（辅助指标）的评价结论与净现值等主要指标的评价结论发生矛盾时，应当以主要指标的结论为准。

第二，利用动态指标对同一个投资项目进行评价和决策，会得出完全相同的结论。

在对同一个投资项目进行财务可行性评价时，净现值、净现值率和内部收益率指标的评价结论是一致的。

【例6-29】某投资项目只有一个备选方案，计算出来的财务可行性评价指标如下：ROI 为 10%，PP 为 6 年，PP′为 5 年，NPV 为 162.65 万元，NPVR 为 0.1704，PI 为 1.1704，IRR 为 12.73%。项目计算期为 11 年（其中生产运营期为 10 年），基准总投资利润率为 9.5%，基准折现率为 10%。根据上述资料，评价该项目财务可行性的程序如下：

$\because ROI = 10\% > i = 9.5\%$，$PP′ = 5 \text{年} = \dfrac{p}{2}$，$NPV = 162.65 \text{万元} > 0$

$NPVR = 17.04\% > 0$，$IRR = 12.73\% > i_c = 10\%$

$\therefore$ 该方案基本上具有财务可行性（尽管 $PP = 6 \text{年} > \dfrac{n}{2} = 5.5 \text{年}$，超过基准回收期）

评价结论：因为该方案各项主要评价指标均达到或超过相应标准，所以基本上具有财务可行性，只是包括建设期的投资回收期较长，有一定风险。如果条件允许，可实施投资。

第四节　项目投资决策方法及应用

一、投资方案及其类型

前已述及，投资项目是指投资的客体，即资金投入的具体对象。譬如建设一条汽车生产线或购置一辆生产用汽车，就属于不同的投资项目，前者属于新建项目，后者属于单纯固定资产投资项目。

同一个投资项目完全可以采取不同的技术路线和运作手段来实现。如新建一个投资项目，其投资规模可大可小，建设期有长有短，建设方式可分别采取自营方式和出包方式。这些具体的选择最终要通过规划不同的投资方案来体现。投资方案就是基于投资项目要达到的目标而形成的有关具体投资的设想与时间安排，或者说是未来投资行动的预案。一个投资项目可以只安排一个投资方案，也可以设计多个可供选择的方案。

根据投资项目中投资方案的数量，可将投资方案分为单一方案和多个方案；根据方案之间的关系，可以分为独立方案、互斥方案和组合或排队方案。

所谓独立方案是指在决策过程中，一组互相分离、互不排斥的方案或单一的方案。在独立方案中，选择某一方案并不排斥选择另一方案。就一组完全独立的方案而言，其存在的前提条件是：

①投资资金来源无限制。
②投资资金无优先使用的排列。
③各投资方案所需的人力、物力均能得到满足。
④不考虑地区、行业之间的相互关系及其影响。
⑤每一投资方案是否可行，仅取决于本方案的经济效益，与其他方案无关。

例如，某企业拟进行几项投资活动，这一组投资方案有：扩建某生产车间；购置一辆运输汽车；新建办公楼等。这一组投资方案中各个方案之间没有什么关联，互相独立，并不存在相互比较和选择的问题。企业既可以全部不接受，也可以接受其中一个，接受多个或全部接受。

互斥方案是指互相关联、互相排斥的方案，即一组方案中的各个方案彼此可以相互代替，采纳方案组中的某一方案，就会自动排斥这组方案中的其他方案。因此，互斥方案具有排他性。例如，某企业拟投资增加一条生产线（购置设备），既可以自行生产制造，也可以向国内其他厂家订购，还可以向某外商订货，这一组设备购置方案即为互斥方案，因为在这三个方案中，只能选择其中一个方案。

二、财务可行性评价与项目投资决策的关系

开展财务可行性评价，就是围绕某一个投资方案而开展的评价工作，其结果是作出该方案是否具备（完全具备、基本具备、完全不具备或基本不具备）财务可行性的结论。而投资决策就是通过比较，从可供选择的备选方案中选择一个或一组最优方案的过程，其结果是从多个方案中作出了最终的选择。因此，在时间顺序上，可行性评价在先，比较选择决策在后。这种关系在不同类型的方案之间表现不完全一致。

评价每个方案的财务可行性是开展互斥方案投资决策的前提。对互斥方案而言，评价每一方案的财务可行性，不等于最终的投资决策，但它是进一步开展各方案之间比较决策的重要前提，因为只有完全具备或基本具备财务可行性的方案，才有资格进入最终决策；完全不具备或基本不具备财务可行性的方案，不能进入下一轮比较选择。已经具备财务可行性，并进入最终决策程序的互斥方案也不能保证在多方案比较决策中被最终选定，因为还要进行下一轮淘汰筛选。

独立方案的可行性评价与其投资决策是完全一致的行为。相对于独立方案而言，评价其财务可行性也就是对其作出最终决策的过程，从而造成了人们将财务可行性评价完全等同于投资决策的误解。

其实独立方案也存在"先评价可行性，后比较选择决策"的问题。因为每个单一的独立方案，也存在着"接受"或"拒绝"的选择。只有完全

具备或基本具备财务可行性的方案，才可以被接受；完全不具备或基本不具备财务可行性的方案，只能选择"拒绝"，从而"拒绝"本身也是一种方案，一般称之为零方案。因此，任何一个独立方案都要与零方案进行比较决策。

三、项目投资决策的主要方法

投资决策方法，是指利用特定财务可行性指标作为决策标准或依据，对多个互斥方案作出最终决策的方法。

许多人将财务可行性评价指标的计算方法等同于投资决策的方法，这是完全错误的。事实上，在投资决策方法中，从来就不存在所谓的投资回收期法和内部收益率法。

投资决策的主要方法包括净现值法、净现值率法、差额投资内部收益率法、年等额净回收额法和计算期统一法等具体方法。

（一）净现值法

所谓净现值法，是指通过比较所有已具备财务可行性投资方案的净现值指标的大小来选择最优方案的方法。该法适用于原始投资相同且项目计算期相等的多方案比较决策。

在此法下，净现值最大的方案为优。

【例6-30】某投资项目需要原始投资1000万元，有A和B两个互相排斥，但项目计算期相同的备选方案可供选择，各方案的净现值指标分别为228.91万元和206.02万元。根据上述资料，按净现值法作出决策的程序如下：

（1）评价各备选方案的财务可行性。

∵ A、B两个备选方案的 *NPV* 均大于零

∴ 这两个方案均具有财务可行性

（2）按净现值法进行比较决策。

∵ 228.91 > 206.02

∴ A 方案优于 B 方案

（二）净现值率法

所谓净现值率法，是指通过比较所有已具备财务可行性投资方案的净现值率指标的大小来选择最优方案的方法。该法适用于项目计算期相等且原始投资相同的多个互斥方案的比较决策。

在此法下，净现值率最大的方案为优。

在投资额相同的互斥方案比较决策中，采用净现值率法会与净现值法得到完全相同的结论；但投资额不相同时，情况就可能不同。

【例 6-31】A 项目与 B 项目为互斥方案，它们的项目计算期相同。A 项目原始投资的现值为 150 万元，净现值为 29.97 万元；B 项目原始投资的现值为 100 万元，净现值为 24 万元。

根据上述资料，计算两个项目净现值率并按净现值和净现值率比较决策如下：

（1）计算净现值率。

$$A \text{ 项目的净现值率} = \frac{29.97}{150} \approx 0.20$$

$$B \text{ 项目的净现值率} = \frac{24}{100} = 0.24$$

（2）在净现值法下。

∵ 29.97 > 24

∴ A 项目优于 B 项目

在净现值率法下

∵ 0.24 > 0.20

∴ B 项目优于 A 项目

由于两个项目的原始投资额不相同，导致两种方法的决策结论相互矛盾。

（三）差额投资内部收益率法

所谓差额投资内部收益率法，是指在两个原始投资额不同方案的差量净现金流量（记作 ΔNCF）的基础上，计算出差额内部收益率（记作 ΔIRR），并与基准折现率进行比较，进而判断方案孰优孰劣的方法。该法适用于两个原始投资不相同，但项目计算期相同的多方案比较决策。

当差额内部收益率指标大于或等于基准收益率或设定折现率时，原始投资额大的方案较优；反之，则投资少的方案为优。

差额投资内部收益率法的原理如下：

假定有 A 和 B 两个项目计算期相同的投资方案，A 方案的投资额大，B 方案的投资额小。我们可以把 A 方案看成两个方案之和。第一个方案是 B 方案，即把 A 方案的投资用于 B 方案；第二个方案是 C 方案，用于 C 方案投资的是 A 方案投资额与 B 方案投资额之差。因为把 A 方案的投资用于 B 方案会因此节约一定的投资，可以作为 C 方案的投资资金来源。

C 方案的净现金流量等于 A 方案的净现金流量减去 B 方案的净现金流量而形成的差量净现金流量 ΔNCF。根据 ΔNCF 计算出来的差额内部收益率 ΔIRR，其实质就是 C 方案的内部收益率。

在这种情况下，A 方案等于 B 方案于 C 方案之和；A 方案与 B 方案的比较，相当于 B 与 C 两方案之和与 B 方案的比较，如果差额内部收益率 ΔIRR 小于基准折现率，则 C 方案不具有财务可行性，这就意味着 B 方案优于 A 方案。

差额投资内部收益率 ΔIRR 的计算过程和计算技巧同内部收益率 IRR 完全一样，只是所依据的是 ΔNCF。

【例 6-32】沿用【例 6-31】资料，A 项目原始投资的现值为 150 万元，项目计算期第 1～10 年的净现金流量为 29.29 万元；B 项目的原始投资额为 100 万元，项目计算期第 1～10 年的净现金流量为 20.18 万元。假定基准折现率为 10%。根据上述资料，按差额投资内部收益率法进行投资决策的程序如下：

(1) 计算差量净现金流量。

$\Delta NCF_0 = -150 - (-100) = -50$（万元）

$\Delta NCF_{1\sim10} = 29.29 - 20.18 = 9.11$（万元）

(2) 计算差额内部收益率 ΔIRR。

$(\Delta P_A/A, \Delta IRR, 10) = 5.4885$

$\because (\Delta P_A/A, 12\%, 10) = 5.6502 > 5.4885$

$(\Delta P_A/A, 14\%, 10) = 5.2161 < 5.4885$

$\therefore 12\% < \Delta IRR < 14\%$，应用内插法：

$\Delta IRR = 12\% + \dfrac{5.6502 - 5.4885}{5.6502 - 5.2161} \times (14\% - 12\%) \approx 12.74\%$

(3) 作出决策。

$\because \Delta IRR = 12.74\% > i_c = 10\%$

$\therefore$ 应当投资 A 项目

（四）年等额净回收额法

所谓年等额净回收额法，是指通过比较所有投资方案的年等额净回收额（记作 NA）指标的大小来选择最优方案的决策方法。该法适用于原始投资不相同、特别是项目计算期不同的多方案比较决策。在此法下，年等额净回收额最大的方案为优。

某方案的年等额净回收额等于该方案净现值与相关回收系数（或年金现值系数倒数）的乘积。计算公式为：

某方案年等额净回收额 = 该方案净现值 × 回收系数

或：

$= 该方案净现值 \times \dfrac{1}{年金现值系数}$

【例 6-33】某企业拟投资建设一条新生产线。现有三个方案可供选择：A 方案的原始投资为 1250 万元，项目计算期为 11 年，净现值为 958.7 万元；B 方案的原始投资为 1100 万元，项目计算期为 10 年，净现值为 920 万元；C方案的净现值为 -12.5 万元。行业基准折现率为 10%。根据上述资料，按年等额净回收额法作出最终投资决策的程序如下：

（1）判断各方案的财务可行性。

∵ A方案和B方案的净现值大于零

∴ 这两个方案具有财务可行性

∵ C方案的净现值小于零

∴ 该方案不具有财务可行性

（2）计算各个具有财务可行性方案的年等额净回收额。

$$A\text{方案的年等额净回收额} = A\text{方案的净现值} \times \frac{1}{(P/A,10\%,11)}$$

$$= 958.7 \times \frac{1}{6.4951} \approx 147.60 \text{（万元）}$$

$$B\text{方案的年等额净回收额} = B\text{方案的净现值} \times \frac{1}{(P/A,10\%,10)}$$

$$= 920 \times \frac{1}{6.1446} \approx 149.72 \text{（万元）}$$

（3）比较各方案的年等额净回收额，作出决策。

∵ 149.72 > 147.60

∴ B方案优于A方案

（五）计算期统一法

计算期统一法是指通过对计算期不相等的多个互斥方案选定一个共同的计算分析期，以满足时间可比性的要求，进而根据调整后的评价指标来选择最优方案的方法。

该法包括方案重复法和最短计算期法两种具体处理方法。

1. 方案重复法

方案重复法也称计算期最小公倍数法，是将各方案计算期的最小公倍数作为比较方案的计算期，进而调整有关指标，并据此进行多方案比较决策的一种方法。应用此法，可采取两种方式：

第一种方式，将各方案计算期的各年净现金流量或费用流量进行重复计算，直到与最小公倍数计算期相等；然后，计算净现值、净现值率、差额内部收益率或费用现值等评价指标；最后，根据调整后的评价指标进行方案的比较决策。

第二种方式，直接计算每个方案项目原计算期内的评价指标（主要指净现值），再按照最小公倍数原理分别对其折现，并求代数和，最后根据调整后的净现值指标进行方案的比较决策。

本书主要介绍第二种方式。

【例6-34】A和B两个方案均在建设期年末投资，它们的计算期分别是10年和15年，有关资料如表6-6所示，假定基准折现率为12%。

表6-6 净现金流量资料

价值单位：万元

年份	1	2	3	4~9	10	11~14	15	净现值
A	-700	-700	480	480	600	—	—	756.48
B	-1500	-1700	-800	900	900	900	1400	795.54

根据上述资料，按计算期统一法中的方案重复法（第二种方式）作出最终投资决策的程序如下：

确定A和B两个方案项目计算期的最小公倍数：计算结果为30年。

计算在30年内各个方案重复的次数：A方案重复两次（30÷10-1），而B方案只重复一次（30÷15-1）。

分别计算各方案调整后的净现值指标：

$NPV_A' = 756.48 + 756.48 \times (P/F, 12\%, 10) + 756.48 \times (P/F, 12, 20) \approx 1078.47$（万元）

$NPV_B' = 795.54 + 795.54 \times (P/F, 12\%, 15) \approx 940.88$（万元）

∵ $NPV_A' = 1078.47$ 万元 > $NPV_B' = 940.88$ 万元

∴ A方案优于B方案

由于有些方案的计算期相差很大，按最小公倍数所确定的计算期往往很长。假定有四个互斥方案的计算期分别为15年、25年、30年和50年，那

173

么它们的最小公倍数就是150年，显然考虑这么长时间内的重复计算既复杂又无必要。为了克服方案重复法的缺点，人们设计了最短计算期法。

2. 最短计算期法

最短计算期法又称最短寿命期法，是指在将所有方案的净现值均还原为等额年回收额的基础上，再按照最短的计算期来计算出相应净现值，进而根据调整后的净现值指标进行多方案比较决策的一种方法。

【例6-35】沿用【例6-34】的资料，则按最小计算期法作出最终投资决策的程序如下：

确定A和B两方案中最短的计算期为A方案的10年。

计算调整后的净现值指标：

$NPV_A'' = NPV_A = 756.48（万元）$

$NPV_B'' = NPV_B \times \dfrac{1}{(P/A,12\%,15)} \times (P/A,12\%,10)$

$= 795.54 \times \dfrac{(P/A,12\%,10)}{(P/A,12\%,15)} \approx 718.07（万元）$

∵ $NPV_A'' = 756.48（万元）> NPV_B'' = 718.07（万元）$

∴ A方案优于B方案

四、两种特殊的固定资产投资决策

（一）固定资产更新决策

与新建项目相比，固定资产更新决策最大的难点在于不容易估算项目的净现金流量。在估算固定资产更新项目的净现金流量时，要注意以下几点：

第一，项目计算期不取决于新设备的使用年限，而是由旧设备可继续使用的年限决定；第二，需要考虑在建设起点旧设备可能发生的变价净收入，并以此作为估计继续使用旧设备至期满时净残值的依据；第三，由于以旧换新决策相当于在使用新设备投资和继续使用旧设备两个原始投资不同的备选方案中作出比较与选择，因此，所估算出来的是增量净现金流量（ΔNCF）；第四，在此类项目中，所得税后净现金流量比所得税前净现金流量更有意义。

固定资产更新决策利用差额投资内部收益率法，当更新改造项目的差额内部收益率指标大于或等于基准折现率（或设定折现率）时，应当进行更新；反之，就不应当进行更新。

【例6-36】某企业打算变卖一套尚可使用5年的旧设备，另购置一套新设备来替换它。取得新设备的投资额为180 000元；旧设备的折余价值为95 000元，其变价净收入为80 000元；则第5年末新设备与继续使用旧设备的预计净残值相等（为了方便计算，本例假设到第5年末新设备与继续使用旧设备时的与净残值相等）。新旧设备的替换将在年内完成（即更新设备的建设期为零）。使用新设备可使企业在第1年增加营业收入50 000元，增加经营成本25 000元；第2～5年内每年增加营业收入60 000元，增加经营成本30 000元。设备采用直线法计提折旧。适用的企业所得税税率为25%。行业基准折现率 i_c 分别为8%和12%。

根据上述资料，计算该项目差量净现金流量和差额内部收益率，并分别据以作出更新决策如下：

（1）依题意计算以下指标。

更新设备比继续使用旧设备增加的投资额 = 新设备的投资 - 旧设备的变价净收入
= 180 000 - 80 000 = 100 000（元）

运营期第1～5年每年因更新改造而增加的折旧 = $\dfrac{100\,000}{5}$ = 20 000（元）

运营期第1年不包括财务费用的总成本费用的变动额 = 该年增加的经营成本 + 该年增加的折旧 = 25 000 + 20 000 = 45 000（元）

运营期第2～5年每年不包括财务费用的总成本费用的变动额 = 30 000 + 20 000 = 50 000（元）

因旧设备提前报废发生的处理固定资产净损失为：

旧固定资产折余价值 - 变价净收入 = 95 000 - 80 000 = 15 000（元）

因旧固定资产提前报废发生净损失而抵减的所得税额 = 旧固定资产清理

净损失 × 适用的企业所得税税率 = 15 000 × 25% = 3 750（元）

运营期第 1 年息税前利润的变动额 = 50 000 - 45 000 = 5 000（元）

运营期第 2～5 年每年息税前利润的变动额 = 60 000 - 50 000 = 10 000（元）

建设期差量净现金流量为：

ΔNCF_0 = -（该年发生的新固定资产投资 - 旧固定资产变价净收入）= -（180 000 - 80 000）= -100 000（元）

运营期差量所得税后净现金流量为：

ΔNCF_1 = 该年因更新改造而增加的息税前利润 ×（1 + 所得税税率）+ 该年因更新改造而增加的折旧 + 因旧固定资产提前报废发生净损失而抵减的所得税额 = 5 000 ×（1 - 25%）+ 20 000 + 3 750 = 27 500（元）

ΔNCF_{2-5} = 该年因更新改造而增加的息税前利润 ×（1 - 所得税税率）+ 该年因更新改造而增加的折旧 + 该年回收新固定资产净残值超过假定继续使用的旧固定资产净残值之差额 = 10 000 ×（1 - 25%）+ 20 000 = 27 500（元）

（2）根据 ΔNCF 计算 ΔIRR。

$$(P/A, \Delta IRR, 5) = \frac{100\,000}{27\,500} = 3.6364$$

∵ $(P/A, 10\%, 5) = 3.7908 > 3.6364$

$(P/A, 12\%, 5) = 3.6048 < 3.6364$

∴ $10\% < \Delta IRR < 12\%$，应用内插法：

$$\Delta IRR = 10\% + \frac{3.7908 - 3.6364}{3.7908 - 3.6048} \times (12\% - 10\%) \approx 11.66\%$$

（3）比较决策。

当行业基准折现率 i_c 为 8% 时：

∵ $\Delta IRR = 11.66\% > i_c = 8\%$

∴ 应当更新设备

当行业基准折现率 i_c 为 12% 时：

∵ $\Delta IRR = 11.66\% < i_c = 12\%$

∴ 不应当更新设备

注意：在计算运营期第一年所得税后净现金流量的公式中，该年"因更新改造而增加的息税前利润"不应当包括"因旧固定资产提前报废发生的净损失"。之所以要单独计算"因旧固定资产提前报废发生净损失而抵减的所得税额"，是因为更新改造不仅会影响到本项目自身，还会影响到企业的总体所得税水平，从而形成了"抵税效应"（tax shield）。如果将"因旧固定资产提前报废发生的净损失"计入"因更新改造而增加的息税前利润"，就会歪曲这种效应的计量结果。

（二）购买或经营租赁固定资产的决策

如果企业所需用的固定资产既可以购买，也可以采用经营租赁的方式取得，就需要按照一定方法对这两种取得方式进行决策。有两种决策方法可以考虑，第一种方法是分别计算两个方案的差额净现金流量，然后按差额投资内部收益率法进行决策；第二种方法是直接比较两个方案的折现总费用的大小，然后选择折现总费用低的方案。

【例 6-37】某企业急需一台不需要安装的设备，设备投入使用后，每年可增加的营业收入与营业税金及附加的差额为 50 000 元，增加经营成本 34 000 元。市场上该设备的购买价（含税）为 77 000 元，折旧年限为 10 年，预计净残值为 7 000 元。若从租赁公司按经营租赁的方式租入同样的设备，只需每年年末支付 9 764 元租金，可连续租用 10 年。假定基准折现率为 10%，适用的企业所得税税率为 25%。

根据上述资料，分析计算如下：

（1）差额投资内部收益率法。

购买设备的相关指标计算：

购买设备的投资 = 77 000 元

购买设备每年增加的折旧额 = $\dfrac{77\,000 - 7\,000}{10}$ = 7 000（元）

购买设备每年增加的营业利润 =（每年增加的营业收入 − 每年增加的税金及附加）−（每年增加经营成本 + 购买设备每年增加的折旧额）= 50 000 −

（34 000 + 7 000）= 9 000（元）

购买设备每年增加的净利润 = 购买设备每年增加的营业利润 ×（1 - 所得税税率）= 9 000 ×（1 - 25%）= 6 750（元）

购买设备方案的所得税后的净现金流量为：

NCF_0 = - 购买固定资产的投资 = -77 000（元）

NCF_{1-9} = 购买设备每年增加的净利润 + 购买设备每年增加的折旧额 = 6 750 + 7 000 = 13 750（元）

NCF_{10} = 购买设备该年增加的净利润 + 购买设备该年增加的折旧额 + 购买设备该年回收的固定资产余值 = 6 750 + 7 000 + 7 000 = 20 750（元）

租入设备的相关指标计算：

租入固定资产的投资 = 0

租入设备每年增加的折旧 = 0

租入设备每年增加的营业利润 = 每年增加营业收入 -（每年增加经营成本 + 购买设备每年增加的租金）= 50 000 -（34 000 + 9 764）= 6 236（元）

租入设备每年增加的净利润 = 租入设备每年增加的营业利润 ×（1 - 所得税税率）= 6 236 ×（1 - 25%）= 4 677（元）

租入设备方案的所得税后的净现金流量为：

NCF_0 = - 租入固定资产的投资 = 0

NCF_{1-10} = 租入设备每年增加的净利润 + 租入设备每年增加的折旧额 = 4 677 + 0 = 4 677（元）

购买和租入设备差额净现金流量为：

ΔNCF_0 = -（77 000 - 0）= -77 000（元）

ΔNCF_{1-9} = 13 750 - 4 677 = 9 073（元）

ΔNCF_{10} = 20 750 - 4 677 = 16 073（元）

按插入函数法计算得 ΔIRR = 4.32%。

作出决策：

∵ ΔIRR = 4.32% < i_c = 10%

∴ 不应当购买设备，而应租入设备。

（2）折现总费用比较法。无论是购买设备还是租赁设备，每年增加营业收入、增加营业税金及附加和增加经营成本都不变，可以不予考虑。

计算购买设备的折现总费用：

购买设备的投资现值 = 77 000（元）

购买设备每年增加折旧额的现值合计 = 7 000 ×（P/A, 10%, 10）= 7 000 × 6.1446 = 43 011.5（元）

购买设备每年增加折旧额而抵减所得税额的现值合计 = 7 000 × 25% ×（P/A, 10%, 10）= 1 750 × 6.1446 = 10 735.05（元）

购买设备回收固定资产余值的现值 = 7 000 ×（P/F, 10%, 10）= 7 000 × 0.3855 = 2 698.5（元）

购买设备的折现总费用合计 = 77 000 + 43 011.5 − 10 735.05 − 2 698.5 = 106 577.95（元）

计算租入设备的折现总费用：

租入设备每年增加租金的现值合计 = 9 764 ×（P/A, 10%, 10）= 9 764 × 6.1446 ≈ 59 995.87（元）

租入设备每年增加租金而抵减所得税额的现值合计 = 9 764 × 25% ×（P/A, 10%, 10）= 2 441 × 6.1446 ≈ 14 998.97（元）

租入设备的折现总费用合计 = 59 995.87 − 14 998.97 = 44 996.90（元）

作出决策：

∵ 购买设备的折现总费用合计 = 106 577.95 元 > 租入设备的折现总费用合计 = 44 996.90 元

∴ 不应当购买设备，而应租入设备

第七章
固定资产内部控制和固定资产审计

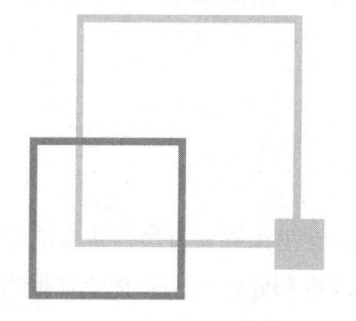

第一节　固定资产内部控制

一、固定资产的内部控制

许多从事制造业的单位，固定资产在其资产总额中占有很大的比重，固定资产的购建会影响其现金流量，而固定资产的折旧、维修等费用则是影响其损益的重要因素。固定资产管理一旦失控，所造成的损失将远远超过一般的商品存货等流动资产，所以，为了确保固定资产的真实、完整、安全和有效利用，单位应当建立和健全固定资产的内部控制。

二、固定资产内部控制制度

（一）固定资产的预算制度

预算制度是固定资产内部控制中最重要的部分。企业应编制旨在预测与控制固定资产增减和合理运用资金的年度预算；即使没有正规的预算，对固定资产的购建也要事先加以计划，从而使固定资产增减均能处于良好的经批准的预算内部之下。

（二）授权批准制度

完善的授权批准制度包括：企业的资本性支出预算只有经过董事会等高层管理机构批准方可生效；所有固定资产的取得和处置均需经企业管理当局的书面认可。注册会计师不仅要检查授权批准制度本身是否完善，还要关注授权批准制度是否得到切实执行。

（三）账簿记录制度

除固定资产总账外，被审计单位还需设置固定资产明细分类账和固定资产登记卡、按固定资产类别、使用部门和每项固定资产进行明细分类核算。固定资产增减变化均有原始凭证。一套设置完善的固定资产明细分类账和登记卡将为注册会计师分析固定资产的取得和处置、复核折旧费用和修理支出的列支带来帮助。

（四）职责分工制度

对固定资产的取得、记录、保管、使用、维修、处置等，均应明确划分责任，由专门部门和专人负责。明确的职责分工制度，有利于防止舞弊，降低注册会计师的审计风险。

（五）资本性支出和收益性支出区分制度

企业应制定区分资本性支出和收益性支出的书面标准。通常需明确资本性支出的范围和最低金额，凡不属于资本性支出的范围、金额低于下限的任何支出，均应列作费用并抵减当期收益。

（六）固定资产处置制度

固定资产的处置包括投资转出、报废、出售等，均要有一定的申请报批程序。

（七）固定资产定期盘点制度

对固定资产的定期盘点，是验证账面各项固定资产是否真实存在、了解固定资产放置地点和使用状况以及发现是否存在未入账固定资产的必要手段。注册会计师应了解和评价企业固定资产盘点制度，并应注意查询盘盈、盘亏固定资产的处理情况。

（八）固定资产维护保养制度

固定资产应有严密的维护保养制度，以防止其因各种自然和人为的因素而遭受损失，并应建立日常维护和定期检修制度，以延长其使用寿命。严格地讲，固定资产的保险不属于企业固定资产的内部控制范围，但它对企业非常重要。

三、在建工程的内部控制

作为固定资产的一个组成项目，在建工程项目有其特殊性。根据财政部于 2003 年 10 月发布的《内部会计控制规范——工程项目（试行）》（财会〔2003〕30 号），在建工程的内部控制包括以下内容。

1. 岗位分工与授权批准

（1）单位应当建立工程项目业务的岗位责任制，明确相关部门和岗位的职责、权限，确保办理工程项目业务的不相容岗位相互分离、制约和监督。工程项目业务不相容岗位一般包括：项目建议、可行性研究与项目决策；概预算编制与审核；项目实施与价款支付；竣工决算与竣工审计。

（2）单位应当对工程项目相关业务建立严格的授权批准制度，明确审批人的授权批准方式、权限、程序、责任及相关控制措施，规定经办人的职责范围和工作要求。审批人应当根据工程项目相关业务授权批准制度的规定，在授权范围内进行审批，不得超越审批权限。经办人应当在职责范围内，按照审批人的批准意见办理工程项目业务。对于审批人超越授权范围审批的工程项目业务，经办人有权拒绝办理，并及时向审批人的上级授权部门报告。

（3）单位应当制定工程项目业务流程，明确项目决策、概预算编制、价款支付、竣工决算等环节的控制要求，并设置相应的记录或凭证，如实记载各环节业务的开展情况，确保工程项目全过程得到有效控制。

2. 项目决策控制

单位应当建立工程项目决策环节的控制制度，对项目建议书和可行性研究报告的编制、项目决策程序等做出明确规定，确保项目决策科学、合理。

3. 概预算控制

单位应当建立工程项目概预算环节的控制制度，对概预算的编制、审核等做出明确规定，确保概预算编制科学、合理。

4. 价款支付控制

单位应当建立工程进度价款支付环节的控制制度，对价款支付的条件、方式以及会计核算程序做出明确规定，确保价款支付及时、正确。

5. 竣工决算控制

单位应当建立竣工决算环节的控制制度，对竣工清理、竣工决算、竣工审计、竣工验收等做出明确规定，确保竣工决算真实、完整、及时。

6. 监督检查

单位应当建立对工程项目内部控制的监督检查制度，明确监督检查机构或人员的职责权限，定期或不定期地进行检查。内容主要包括：

（1）工程项目业务相应岗位及人员的设置情况。重点检查是否存在不相容职务混岗的现象。

（2）工程项目业务授权批准制度的执行情况。重点检查重要业务的授权批准手续是否健全，是否存在越权审批行为。

（3）工程项目决策责任制的建立及执行情况。重点检查责任制度是否健全，奖惩措施是否落实到位。

（4）预算控制制度的执行情况。重点检查概预算编制的依据是否真实，是否按规定对该预算进行审核。

（5）各类款项支付制度的执行情况。重点检查工程款、材料设备款及其他费用的支付是否符合相关法规、制度和合同的要求。

（6）竣工决算制度的执行情况。重点检查是否按规定办理竣工决算、实施决算审计。

（一）某汽车公司及其固定资产内部控制流程

【例7-1】某汽车公司的固定资产内部控制分析。

某汽车公司由中国汽车公司和国外汽车公司共同出资成立的，双方各拥有一半股份，专业生产满足中国消费者需求的轿车。总部坐落在长江上游的经济中心。该厂拥有世界一流的整车生产线,2005年年产汽车达到十余万辆。

该汽车公司的主要管理架构是由合资双方各派代表组成的董事会、执行委员会及各个部门组成。公司的内部控制系统是在借鉴美国公司具有100多年历史的内部控制体系基础上建立的。它的主要内部控制内容包括:控制环境、风险评估、控制活动、信息与沟通、监督这五大要素,并在COSO内部控制整体框架指引下,结合我国国情形成了具有一定特色和较高水准的内部控制系统。

该汽车公司首先界定了固定资产的范围及内容,其业务流程包括:

1. 固定资产投资项目决策（图7-1）

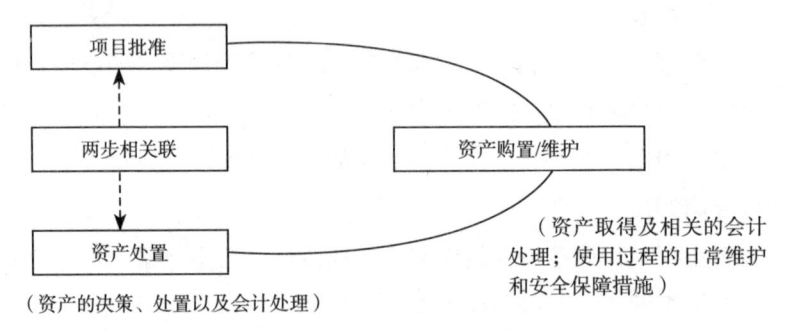

图7-1　固定资产投资项目决策流程

2. 资产购置流程（图7-2）

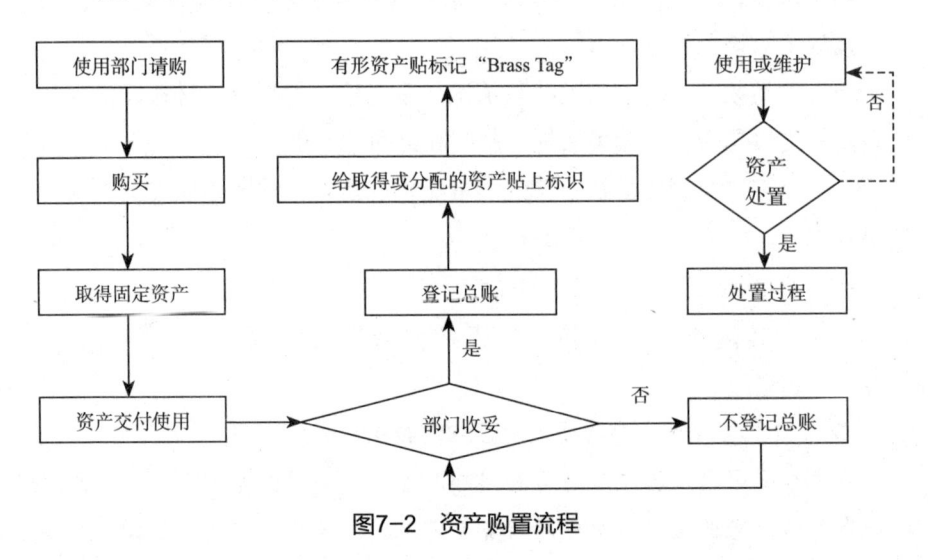

图7-2　资产购置流程

3. 资产处置流程（图7-3）

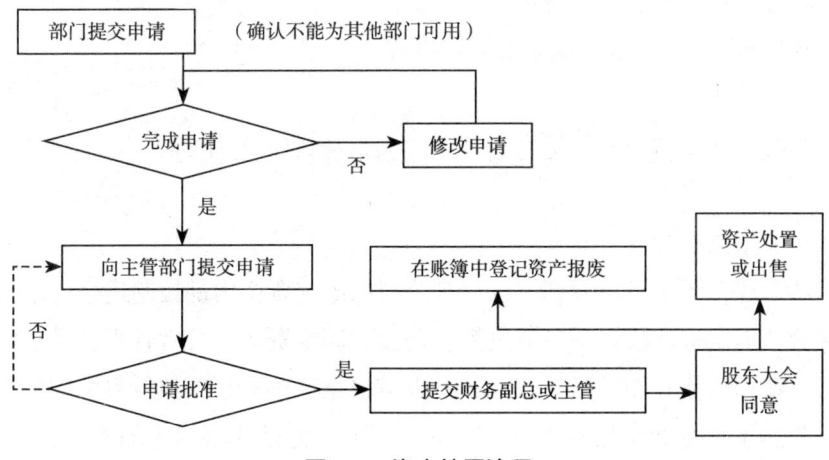

图7-3　资产处置流程

4. 资产实物台账管理和报废流程

①台账的设置和保管要求：专人负责台账登记工作；登记凭证的要求；保管期限等。

②台账的登记：包括入库登记、领用登记、报废或转移登记。

③期末报告：按季向财务部报送报表。

④盘点制度。

⑤资产地点转移：包括部门内部在厂区内移动，部门之间在厂区内移动，转移给其他单位的，买入时直接存放在其他单位的资产等。

⑥资产报废、出售的审批和实物处置：包括不同固定资产报废的程序。

⑦记录：规定了固定格式。

⑧发布/修订记录：规定了固定格式。

5. 固定资产盘点制度

①目的：通过盘点来确定公司固定资产是否安全，促进固定资产账实相符。

②使用范围：列入公司固定资产账目的所有资产项目。

③职责：包括财务部门、主管部门及使用部门的职责。

④程序：包括基础工作、盘点方法和盘点时间、差异处理以及盘盈盘亏

的会计处理。

⑤记录：规定了固定格式。

⑥发布／修订记录：规定了固定格式。

（二）某汽车公司固定资产的内部控制特点分析

1. 注重流程管理

从上述介绍中可以看到，该汽车公司的固定资产内部控制进行的是流程管理。从固定资产投资项目的决策、购置到固定资产的日常管理、最后处置都有一系列的流程图，相关业务经办人员根据这些流程图执行有关固定资产的业务。不少企业虽然有一整套的管理制度，但是执行起来却不尽如人意，很多业务人员经办有关事项时，不遵守企业的规章制度。很多情况下，并不是业务人员有意违反企业的制度，一个重要的原因是企业缺乏可供操作性的流程，指导业务人员处理经济业务。而该汽车公司在这方面做得就比较好，公司采用的是外国某著名汽车公司的管理经验，在流程设计上比较科学合理，有效地指导了业务人员的工作。如该汽车企业的不少员工就提到，在很多情况下，他们的工作不是来自于领导的命令，而是按程序办事。

2. 加强固定资产实物台账管理

固定资产的内部控制是全方位的控制，从固定资产投资决策、购置，一直到日常管理和处置，每个环节都很重要。很多企业比较重视固定资产的购置，但固定资产购买回来后，对日常管理却不够重视。该公司设立了完善的固定资产实物台账管理制度，对台账的设置、登记、保管、报告进行了详细的规定，并加以执行。通过对固定资产的台账管理，公司较好地保证了固定资产的完整性和安全性，维护了资产的正常运行。

3. 注重固定资产的内部控制自我评价

不少企业对如何评价和考核内部控制的运行缺乏经验和有效的手段。内部控制的评价在我国很多企业中一直是一个薄弱环节。该公司制定了详尽的内部控制审核项目，从固定资产的购置到日常管理的处置，都是企业内部审核小组予以关注的对象。通过内部审核，汽车公司有效地监督了内部控制的运行情况，对出现的问题能够及时发现并予以纠正。

第二节 固定资产审计

由于固定资产在企业资产总额中一般都占有较大的比例，固定资产的安全、完整对企业的生产经营影响极大，注册会计师应对固定资产的审计予以高度重视。

固定资产审计的范围很广。固定资产科目余额反映企业所有固定资产的原价，累计折旧科目余额反映企业同定资产的累计折旧数额，固定资产减值准备科目余额反映企业对固定资产计提的减值准备数额，固定资产项目余额由固定资产科目余额扣除累计折旧科目余额和固定资产减值准备科目余额构成，这三项无疑属于固定资产的审计范围。除此之外，由于固定资产的增加包括购置、自行建造、投资者投入、融资租入、更新改造、以非现金资产抵偿债务方式取得或以应收债权换入、以非货币性资产交换方式换入、经批准无偿调入、接受捐赠和盘盈等多种途径，相应涉及货币资金、应付账款、预付款项、在建工程、股本、资本公积、长期应付款、递延所得税负债等项目；企业的固定资产又因出售、报废、投资转出、捐赠转出、抵债转出、以非货币性资产交换方式换出、无偿调出、毁损和盘亏等原因而减少，与固定资产清理、其他应收款、营业外收入和营业外支出等项目有关。另外，企业按月计提固定资产折旧，这又与制造费用、销售费用、管理费用等项目联系在一起。因此，在进行固定资产审计时，应当关注这些相关项目。广义的固定资产审计范围，自然也包括这些相关项目。

一、固定资产的审计目标

固定资产的审计目标一般包括：确定固定资产是否存在；确定固定资产是否归被审计单位所有或控制；确定固定资产的计价方法是否恰当；确定固定资产的折旧政策是否恰当；确定折旧费用的分摊是否合理、一贯；确定固定资产减值准备的计提是否充分、完整，方法是否恰当；确定固定资产、累计折旧和固定资产减值准备的记录是否完整；确定固定资产、累计折旧和固定资产减值准备的期末余额是否正确；确定固定资产、累计折旧和固定资产减值准备的披露是否恰当。

二、固定资产——账面余额的实质性程序

（1）获取或编制固定资产和累计折旧分类汇总表，检查固定资产的分类是否正确并与总账数和明细账合计数核对相符，结合累计折旧、减值准备科目与报表数核对相符。

固定资产和累计折旧分类汇总表又称一览表或综合分析表，是审计固定资产和累计折旧的重要工作底稿，其参考格式见表7-1。

表7-1　固造资产和累计折旧分类汇总表

年　　月　　日

编制人：　　　　　　　　　　　　日期：

被审计单位：_____　　　复核人：　　　　　日期：

固定资产类别	固定资产				累计折旧				
	期初余额	本期增加	本期减少	期末余额	折旧方法	折旧率	期初余额	本期增加	本期减少	期末余额
合计										

汇总表包括固定资产与累计折旧两部分，应按照固定资产类别分别填列。需要解释的是期初余额栏，注册会计师对其审计应分三种情况：一是在连续审计情况下，应注意与上期审计工作底稿中的固定资产和累计折旧的期末余额审定数核对相符。二是在变更会计师事务所时，后任注册会计师应查阅前任注册会计师有关工作底稿。三是如果被审计单位以往未经注册会计师审计，即在首次接受审计情况下，注册会计师应对期初余额进行较全面的审计。尤其是当被审计单位的固定资产数量多、价值大、占资产总额比重高时，最理想的方法是全面审计被审计单位设立以来"固定资产"和"累计折

旧"账户中的所有重要的借贷记录。这样，既可核实期初余额的真实性，又可从中加深对被审计单位固定资产管理和会计核算工作的了解。

（2）根据具体情况，选择以下方法对固定资产实施实质性分析程序：

①计算固定资产原值与全年产量的比率，并与以前年度比较，分析其波动原因，可能发现闲置固定资产或已减少固定资产未在账户上注销的问题。

②计算本期计提折旧额与固定资产总成本的比率，将此比率同上期比较，旨在发现本期折旧额计算上可能存在的错误。

③计算累计折旧与固定资产总成本的比率，将此比率同上期比较，旨在发现累计折旧核算上可能存在的错误。

④比较本期各月之间、本期与以前各期之间的修理及维护费用，旨在发现资本性支出和收益性支出区分上可能存在的错误。

⑤比较本期与以前各期的固定资产增加和减少。由于被审计单位的生产经营情况不断变化，各期之间固定资产增加和减少的数额可能相差很大。注册会计师应当深入分析其差异，并根据被审计单位以往和今后的生产经营趋势，判断差异产生的原因是否合理。

⑥分析固定资产的构成及其增减变动情况，与在建工程、现金流量表、生产能力等相关信息交叉复核，检查固定资产相关金额的合理性和准确性。

（3）实地检查重要固定资产（如为首次接受审计，应适当扩大检查范围），确定其是否存在，关注是否存在已报废但仍挂账的固定资产。实施实地检查审计程序时，注册会计师可以以固定资产明细分类账为起点，进行实地追查，以证明会计记录中所列固定资产确实存在，并了解其目前的使用状况；也可以以实地为起点，追查至固定资产明细分类账，以获取实际存在的固定资产均已入账的证据。当然，注册会计师实地检查的重点是本期新增加的重要固定资产，有时，观察范围也会扩展到以前期间增加的重要固定资产。观察范围的确定需要依据被审计单位内部控制的强弱、固定资产的重要性和注册会计师的经验来判断。如为首次接受审计，则应适当扩大检查范围。

（4）检查固定资产的所有权。对各类固定资产，注册会计师应获取、收集不同的证据以确定其是否确归被审计单位所有：对外购的机器设备等固定资产，通常经审核采购发票、采购合同等予以确定；对于房地产类固定资产，尚需查阅有关的合同、产权证明、财产税单、抵押借款的还款凭据、保险单等书面文件；对融资租入的固定资产，应验证有关融资租赁合同。证实其并非经营租赁；对汽车等运输设备，应验证有关运营证件等；对受留置权限制的固定资产，通常还应审核被审计单位的有关负债项目等予以证实。

（5）检查本期固定资产的增加。被审计单位如果不正确核算固定资产的增加，将对资产负债表和利润表产生长期的影响。因此。审计固定资产的增加，是固定资产实质性程序中的重要内容。固定资产的增加有多种途径，审计中应注意：

①对于外购同定资产，通过核对采购合同、发票、保险单、发运凭证等资料，抽查测试其入账价值是否正确，授权批准手续是否齐备，会计处理是否正确；如果购买的是房屋建筑物，还应检查契税的会计处理是否正确；检查分期付款购买固定资产入账价值及会计处理是否正确。

②对于在建工程转入的固定资产，应检查竣工决算、验收和移交报告是否完符，与在建工程的相关记录是否核对相符，借款费用资本化金额是否恰当；对已经达到预定可使用状态，但尚未办理竣工决算手续的固定资产，检查其是否已按估计价值入账，并按规定计提折旧；是否待确定实际成本后再对固定资产原价进行了调整。

③对于投资者投入的固定资产，检查投资者投入的固定资产是否按投资各方确认的价值入账，并检查确认价值是否公允，交接手续是否齐全；涉及国有资产的，是否有评估报告并经国有资产管理部门评审备案或核准确认。

④对于更新改造增加的固定资产，检查通过更新改造而增加的固定资产，增加的原值是否符合资本化条件，是否真实，会计处理是否正确；重新确定的剩余折旧年限是否恰当。

⑤对于融资租赁增加的固定资产，获取融资租入固定资产的相关证明文件，检查融资租赁合同主要内容，并结合长期应付款、未确认融资费用科目检查相关的会计处理是否正确。

⑥对于企业合并、债务重组和非货币性资产交换增加的固定资产，检查产权过户手续是否齐备，检查固定资产入账价值及确认的损益和负债是否符合规定。

⑦检查固定资产的后续支出是否符合资本化条件，会计处理是否正确。

⑧如果被审计单位为外商投资企业，检查其采购国产设备退还增值税的会计处理是否正确。

⑨检查被审计单位的固定资产是否需要预计弃置费用，相关的会计处理是否符合规定。

⑩对于通过其他途径增加的固定资产，应检查增加固定资产的原始凭证，核对其计价及会计处理是否正确，法律手续是否齐全。

（6）检查本期固定资产的减少。固定资产的减少主要包括出售、向其他单位投资转出、向债权人抵债转出、报废、毁损、盘亏等。有的被审计单位在全面清查固定资产时，常常会出现固定资产账存实亡现象，这可能是由于固定资产管理或使用部门不了解报废固定资产与会计核算两者间的关系，擅自报废固定资产而未及时通知财务部门作相应的会计核算所致，这样势必造成财务报表反映失真。审计固定资产减少的主要目的就在于查明业已减少的固定资产是否已作适当的会计处理。其审计要点如下：

①结合固定资产清理科目，抽查固定资产账面转销额是否正确。

②检查出售、盘亏、转让、报废或毁损的固定资产是否经授权批准，会计处理是否正确。

③检查因修理、更新改造而停止使用的固定资产的会计处理是否正确。

④检查投资转出固定资产的会计处理是否正确。

⑤检查债务重组或非货币性资产交换转出固定资产的会计处理是否正确。

⑥检查转出的投资性房地产账面价值及会计处理是否正确。

⑦检查其他减少固定资产的会计处理是否正确。

（7）检查固定资产后续支出的核算是否符合规定。《企业会计准则第4号——固定资产》规定，与固定资产有关的后续支出，如果同时满足下列两个确认条件：一是该固定资产包含的经济利益很可能流入企业。二是该固定资产的成本能够可靠计量，应当将该后续支出计入固定资产成本；否则，应当在该后续支出发生时计入当期损益。

在具体实务中。对于固定资产发生的下列各项后续支出，通常的处理方法为：

①固定资产修理费用，应当直接计入当期费用。

②固定资产改良支出，应当计入固定资产账面价值，其增计后的金额不应超过该固定资产的可收回金额。

③如果不能区分是固定资产修理还是固定资产改良，或固定资产修理和固定资产改良结合在一起，则企业应按上述原则进行判断，其发生的后续支出分别计入固定资产价值或计入当期费用。

④固定资产装修费用，符合上述原则可予资本化的，在两次装修期间与固定资产尚可使用年限两者中较短的期间内，采用合理的方法单独计提折旧。如果在下次装修时，该固定资产相关的固定资产装修项目仍有余额，应将该余额一次全部计入当期营业外支出。

（8）检查固定资产的租赁。企业在生产经营过程中，有时可能有闲置的固定资产供其他单位租用；有时由于生产经营的需要，又需租用固定资产。租赁一般分为经营租赁和融资租赁两种。

在经营租赁中，租入固定资产的企业按合同规定的时间，交付一定的租金，享有固定资产的使用权，而固定资产的所有权仍属出租单位。因此，租入固定资产的企业的固定资产价值并未因此而增加，企业对以经营性租赁方式租入的固定资产，不在"固定资产"账户内核算，只是另设备查簿登记。而租出固定资产的企业，仍继续提取折旧，同时取得租金收入。检查经营性租赁时，应查明：

①固定资产的租赁是否签订了合同、租约，手续是否完备，合同内容是否符合国家规定，是否经相关管理部门的审批。

②租入的固定资产是否确属企业必需，或出租的固定资产是否确属企业多余、闲置不用的，双方是否认真履行合同，其中是否存在不正当交易。

③租金收取是否签有合同，有无多收、少收现象。

④租入固定资产有无久占不用、浪费损坏的现象；租出的固定资产有无长期不收租金、无人过问，是否有变相馈送、转让等情况。

⑤租入固定资产是否已登入备查簿。

⑥租入固定资产改良支出的核算是否符合规定。

在融资租赁中，租入单位向租赁公司借款购买固定资产，分期归还本息，付清全部本息后，就取得了固定资产的所有权。因此，融资租赁支付的租金，包括了固定资产的价值和利息，并且这种租赁的结果通常是固定资产所有权最终归属租入单位。故租入企业在租赁期间，对融资租入的固定资产应按企业自有固定资产一样管理，并计提折旧、进行维修。在检查融资租赁固定资产时，除可参照经营租赁固定资产检查要点以外，还应注意融资租入固定资产的计价是否正确，并结合长期应付款、未确认融资费用等科目检查相关的会计处理是否正确。

此外，还应注意，对于融资租入固定资产发生的固定资产后续支出，应当按照自有固定资产发生的后续支出的处理原则予以处理。

（9）获取暂时闲置固定资产的相关证明文件，并观察其实际状况，检查是否已按规定计提折旧，相关的会计处理是否正确。

（10）获取已提足折旧仍继续使用固定资产的相关证明文件，并作相应记录。

（11）获取持有待售固定资产的相关证明文件，并作相应记录。检查对其预计净残值调整是否正确、会计处理是否正确。

（12）检查固定资产保险情况，复核保险范围是否足够。

（13）检查有无与关联方的固定资产购售活动，是否经适当授权，交易价格是否公允。对于合并范围内的购售活动，记录应予合并抵销的金额。

（14）检查年度终了被审计单位对固定资产的使用寿命、预计净残值和折旧方法的复核结果是否合理，若不合理，则应提请被审计单位作必要调整。

（15）对应计入固定资产的借款费用，应根据企业会计准则的规定，结合长短期借款、应付债券或长期应付款的审计，检查借款费用（借款利息、折溢价摊销、汇兑差额、辅助费用）资本化的计算方法和资本化金额，以及会计处理是否正确。

（16）结合银行借款等科目，了解是否存在已用于债务担保的固定资产。如有则应取证并作相应的记录，同时提请被审计单位作恰当披露。

（17）检查购置固定资产是否存在与资本性支出有关的财务承诺。

（18）确定固定资产的披露是否恰当。财务报表附注通常应说明固定资产的标准、分类、计价方法和折旧方法；融资租入固定资产的计价方法；固定资产的预计使用寿命和预计净残值；对固定资产所有权的限制及其金额

（这一披露要求是指，企业因贷款或其他原因而以固定资产进行抵押、质押或担保的类别、金额、时间等情况）；已承诺将为购买固定资产支付的金额；暂时闲置的固定资产账面价值（这一披露要求是指，企业应披露暂时闲置的固定资产账面价值，导致固定资产暂时闲置的原因，如开工不足、自然灾害或其他情况等）；已提足折旧仍继续使用的固定资产账面价值；已报废和准备处置的固定资产账面价值。固定资产因使用磨损或其他原因而需报废时，企业应及时对其处置。如果其已处于处置状态而尚未转销，企业应披露这些固定资产的账面价值。

如果被审计单位是上市公司，则通常应在其财务报表附注中按类别分项列示固定资产期初余额、本期增加额、本期减少额及期求余额；说明固定资产中存在的在建工程转入、出售、置换、抵押或担保等情况；披露通过融资租赁租入的固定资产每类租入资产的账面原值、累计折旧、账面净值；披露通过经营租赁租出的固定资产每类租出资产的账面价值。

三、固定资产——累计折旧的实质性程序

固定资产可以长期参加生产经营而仍保持其原有实物形态，但其价值将随着固定资产的使用而逐渐转移到生产的产品中，或构成经营成本或费用。这部分在固定资产使用寿命内，按照确定的方法对应计折旧额进行的系统分摊就是固定资产的折旧。

在不考虑固定资产减值准备的前提下，影响折旧的因素有折旧的基数（一般指固定资产的账面原价）、固定资产的残余价值和使用寿命三个方面。在考虑固定资产减值准备的前提下，影响折旧的因素则包括折旧的基数、累计折旧、固定资产减值准备、固定资产预计净残值和固定资产尚可使用年限五个方面。在计算折旧时，对固定资产的残余价值和清理费用只能人为估计；对固定资产的使用寿命，由于固定资产的有形和无形损耗难以准确计算，因而也只能估计；同样，对固定资产减值准备的计提也带有估计的成分。因此，固定资产折旧主要取决于企业的折旧政策，具有一定程度的主观性。

累计折旧的实质性程序通常包括以下方面。

（1）获取或编制累计折旧分类汇总表，复核加计正确，并与总账数和明细账合计数核对相符。

（2）检查被审计单位制定的折旧政策和方法是否符合相关会计准则的规定。确定其所采用的折旧方法能否在固定资产预计使用寿命内合理分摊其成本，前后期是否一致，预计使用寿命和预计净残值是否合理。

《企业会计准则第4号——固定资产》明确规定：企业应当根据与固定资产有关的经济利益的预期实现方式，合理选择固定资产折旧方法。可选用的折旧方法包括年限平均法、工作量法、双倍余额递减法和年数总和法等；除非由于与固定资产有关的经济利益的预期实现方式有重大改变，应当相应改变固定资产折旧方法，折旧方法一经选定，不得随意调整；企业至少应当于每年年度终了对固定资产的使用寿命、预计净残值和折旧方法进行复核，如果固定资产使用寿命预计数和净残值预计数与原先估计数有差异，应当作相应调整。

（3）根据实际情况，选择以下方法对累计折旧执行实质性分析程序：

①对折旧计提的总体合理性进行复核，是测试折旧正确与否的一个有效办法。在不考虑固定资产减值准备的前提下，计算、复核的方法是用应计提折旧的固定资产原价乘本期的折旧率。计算之前，注册会计师应对本期增加和减少固定资产、使用寿命长短不一的和折旧方法不同的固定资产作适当调整。如果总的计算结果和被审计单位的折旧总额相近，且固定资产及累计折旧的内部控制较健全时，就可以适当减少累计折旧和折旧费用的其他实质性程序工作量。

②计算本期计提折旧额占固定资产原值的比率，并与上期比较，分析本期折旧计提额的合理性和准确性。

③计算累计折旧占固定资产原值的比率，评估固定资产的老化程度，并估计因闲置、报废等原因可能发生的固定资产损失，结合固定资产减值准备，分析其是否合理。

（4）复核本期折旧费用的计提和分配：

①了解被审计单位的折旧政策是否符合规定，计提折旧范围是否正确，确定的使用寿命、预计净残值和折旧方法是否合理；如采用加速折旧法，确定是否取得批准文件。

②检查被审计单位折旧政策前后期是否一致。

③复核本期折旧费用的计提是否正确：

一是已计提部分减值准备的固定资产，计提的折旧是否正确。按照《企业会计准则第4号——固定资产》的规定，已计提减值准备的固定资产的应计折旧额应当扣除已计提的固定资产减值准备累计金额，按照该固定资产的账面价值以及尚可使用寿命重新计算确定折旧率和折旧额。

二是已全额计提减值准备的固定资产是否已停止计提折旧。

三是因更新改造而停止使用的固定资产是否已停止计提折旧。因大修理而停止使用的固定资产是否照提折旧。

四是对按规定予以资本化的固定资产装修费用是否在两次装修期间与固定资产尚可使用年限两者之间较短的期间内，采用合理的方法单独计提折旧，并在下次装修时将该项固定资产装修余额一次全部计入了当期营业外支出。

五是对融资租入固定资产发生的、按规定可予以资本化的固定资产装修费用，是否在两次装修期间、剩余租赁期与固定资产尚可使用年限三者中较短的期间内，采用合理的方法单独计提折旧。

六是对采用经营租赁方式租入的固定资产发生的改良支出，是否在剩余租赁期与租赁资产尚可使用年限两者中较短的期间内，采用合理的方法单独计提折旧。

七是未使用、不需用和闲置的固定资产是否按规定计提折旧。

八是持有待售的固定资产折旧计提是否符合规定。

④检查折旧费用的分配是否合理，是否与上期一致；分配计入各项目的金额占本期全部折旧计提额的比例与上期比较是否有重大差异。

⑤注意固定资产增减变动时，有关折旧的会计处理是否符合规定，查明通过更新改造、接受捐赠或融资租入而增加的固定资产折旧费用计算是否正确。

（5）将"累计折旧"账户贷方的本期计提折旧额与相应的成本费用中的折旧费用明细账户的借方相比较，以查明所计提折旧金额是否全部摊入本期产品成本费用。一旦发现差异，应及时追查原因，并考虑是否应建议作适当调整。

（6）检查累计折旧的减少是否合理、会计处理是否正确。

（7）检查累计折旧的披露是否恰当。

如果被审计单位是上市公司，通常应在其财务报表附注中按固定资产类别分项列示累计折旧期初余额、本期计提额、本期减少额及期末余额。

四、固定资产——固定资产减值准备的实质性程序

固定资产的可收回金额低于其账面价值称为固定资产减值。这里的可收回金额应当根据固定资产的公允价值减去处置费用后的净额与资产预计未来现金流量的现值两者之间的较高者确定。这里的处置费用包括与固定资产处置有关的法律费用、相关税费、搬运费以及为使固定资产达到可销售状态所发生的直接费用等。

企业应当在资产负债表日判断固定资产是否存在可能发生减值的迹象。根据《企业会计准则第8号——资产减值》的规定，如存在下列迹象的，表明固定资产可能发生了减值：

（1）固定资产的市价当期大幅度下跌，其跌幅明显高于因时间的推移或正常使用而预计的下跌。

（2）企业经营所处的经济、技术或者法律等环境以及固定资产所处的市场在当期或者将在近期发生重大变化，从而对企业产生不利影响。

（3）市场利率或者其他市场投资回报率在当期已经提高，从而影响企业计算固定资产预计未来现金流量现值的折现率，导致固定资产可收回金额大幅度降低。

（4）有证据表明固定资产陈旧过时或者其实体已经损坏。

（5）固定资产已经或者将被闲置、终止使用或者计划提前处置。

（6）企业内部报告的证据表明固定资产的经济绩效已经低于或者将低于预期，如固定资产所创造的净现金流量或者实现的营业利润（或者损失）远远低于（或者高于）预计金额等。

（7）其他表明固定资产可能已经发生减值的迹象。

如果由于该固定资产存在上述迹象，导致其可收回金额低于账面价值的，应当将固定资产的账面金额减记至可收回金额，将减记的金额确认为固

定资产减值损失，计入当期损益，同时计提相应的固定资产减值准备。

固定资产减值准备的实质性程序一般包括：

（1）获取或编制固定资产减值准备明细表，复核加计正确，并与总账数和明细账合计数核对相符。

（2）检查固定资产减值准备计提和核销的批准程序，取得书面报告等证明文件。

（3）检查被审计单位计提固定资产减值准备的依据是否充分及会计处理是否正确。

（4）检查资产组的认定是否恰当，计提固定资产减值准备的依据是否充分，会计处理是否正确。

（5）实施实质性分析程序，计算本期末固定资产减值准备占期末固定资产原值的比率，并与期初该比率进行比较，分析固定资产的状况。

（6）检查被审计单位处置固定资产时原计提的减值准备是否同时结转，会计处理是否正确。

（7）检查是否存在转回固定资产减值准备的情况。按照企业会计准则规定，固定资产减值损失一经确认，在以后会计期间不得转回。

（8）确定固定资产减值准备的披露是否恰当。如果企业计提了固定资产减值准备，根据《企业会计准则第8号——资产减值》的规定，企业应当在财务报表附注中披露：

①当期确认的固定资产减值损失金额。

②企业提取的固定资产减值准备累计金额如果发生重大固定资产减值损失的，还应当说明导致重大固定资产减值损失的原因，固定资产可收回金额的确定方法，以及当期确认的重大固定资产减值损失的金额。

如果被审计单位是上市公司，其财务报表附注中通常还应分项列示计提的固定资产减值准备金额、增减变动情况以及计提的原因。

第三节 在建工程审计

一、在建工程的审计目标

在建工程的审计目标一般包括：确定在建工程是否存在；确定在建工程是否归被审计单位所有；确定在建工程增减变动的记录是否完整；确定在建工程的计价方法是否正确；确定在建工程减值准备的计提是否充分、完整，方法是否恰当；确定在建工程减值准备的会计处理是否正确；确定在建工程及其减值准备的期末余额是否正确；确定在建工程及其减值准备的披露是否恰当。

二、在建工程——账面余额的实质性程序

（1）获取或编制在建工程明细表，复核加计正确。并与总账数和明细账合计数核对相符，结合减值准备科目与报表数核对相符。

应当注意，在建工程报表数反映企业期末各项未完工程的实际支出，包括交付安装的设备价值，未完建筑安装工程已经耗用的材料、工资和费用支出、预付承包工程的价款、已经建筑安装完毕但尚未交付使用的工程等的可收回金额，应根据在建工程科目的期末余额减去在建工程减值准备科目的期末余额后的金额填列。因此，其报表数应同在建工程总账数和明细账合计数分别减去相应的在建工程减值准备总账数和明细账合计数后的余额核对相符。

（2）检查在建工程项目期末余额的构成内容，并实地观察工程现场：
①确定在建工程是否存在。
②观察工程项目的实际完工程度。
③检查是否存在已达到预计可使用状态，但未办理竣工决算手续、未及

时进行会计处理的项目。

（3）检查本期在建工程的增加数：

①对于重大建设项目，取得有关工程项目的立项批文、预算总额和建设批准文件，以及施工承包合同、现场监理施工进度报告等业务资料。

②对于支付的工程款，应抽查其是否按照合同、协议、工程进度或监理进度报告分期支付，付款授权批准手续是否齐备，会计处理是否正确；取得监理报告等资料检查估计的发包进度是否合理。

③对于领用的工程物资，抽查工程物资的领用是否有审批手续，会计处理是否正确。

④对于应负担的职工薪酬，结合应付职工薪酬的审计，检查应计入在建工程的职工薪酬范围、计量和会计处理是否正确。

⑤对于借款费用资本化。应结合长短期借款、应付债券或长期应付款的审计，检查借款费用（借款利息、折溢价摊销、汇兑差额、辅助费用）资本化的起讫日的界定是否合规，计算方法是否正确，资本化金额是否合理，会计处理是否正确。

⑥检查工程管理费、征地费、可行性研究费、临时设施费、公证费、监理费及应负担的税费等资本化的金额是否合理、真实和完整，会计处理是否正确。

（4）检查本期在建工程的减少数：

①了解在建工程结转固定资产的政策，并结合固定资产审计。检查在建工程结转是否正确，是否存在将已经达到预计可使用状态的固定资产挂列在建工程，少计折旧的情况。

②检查已完工程项目的竣工决算报告、验收交接单等相关凭证以及其他转出数的原始凭证，检查会计处理是否正确。

③取得因自然灾害等原因造成的单项工程或单位工程报废或毁损的相关资料，检查其会计处理是否正确。

（5）检查在建工程进行负荷联合试车生产时发生的费用及试车生产形成的产品或副产品，在对外销售或转为库存时的会计处理是否正确。

（6）查询在建工程项目保险情况，复核保险范围和金额是否足够。

（7）如果被审计单位为上市公司，应将与募集资金相关在建工程的增减变动情况与披露的募集资金使用情况进行核对。

（8）检查是否有长期挂账的在建工程，如有，了解原因，并关注是否可能发生损失，检查减值准备计提是否正确。

（9）检查有无与关联方的工程建造或代开发业务是否经适当授权，交易价格是否公允。

（10）结合长、短期借款等项目，了解在建工程是否存在抵押、担保情况，如有，应取证记录，并提请被审计单位作必要披露。

（11）检查在建工程合同，确定是否存在与资本性支出有关的财务承诺。

（12）确定在建工程的披露是否恰当。

如果被审计单位是上市公司，其财务报表附注中通常应分项列示在建工程的名称、预算数、期初余额、本期增加额、本期转入固定资产额、其他减少数、期末余额、资金来源、工程投入占预算的比例；分项列示期初余额、本期增加额、本期转入固定资产、其他减少数和期末余额中所包含的借款费用资本化金额。其中，工程项目资金来源应区分募股资金、金融机构贷款和其他来源等，用于确定利息资本化金额的资本化率应单独披露。

三、在建工程——减值准备的实质性程序

（1）获取或编制在建工程减值准备明细表，复核加计正确，与总账数和明细账合计数核对相符。

（2）检查在建工程减值准备计提和转销的批准程序，取得书面报告等相关文件。

（3）检查被审计单位计提在建工程减值准备的依据是否充分及会计处理是否正确。

（4）检查已计提减值准备的在建工程，关注其项目的进展及可行性，考虑是否需要提出审计调整建议。

（5）检查被审计单位处置在建工程时，原计提的减值准备是否同时结转，会计处理是否正确。

（6）检查是否存在转回在建工程减值准备的情况。按照企业会计准则规定，在建工程减值损失一经确认，在以后会计期间不得转回。

（7）确定在建工程减值准备的披露是否恰当。

如果企业计提了在建工程减值准备，根据《企业会计准则第8号——资产减值》的规定，企业应当在财务报表附注中披露：

①当期确认的在建工程减值损失金额。

②企业提取的在建工程减值准备累计金额。

如果发生重大在建工程减值损失的，还应当说明导致重大在建工程减值损失的原因以及当期确认的重大在建工程减值损失的金额。

如果被审计单位为上市公司，通常还应分项列示在建工程减值准备金额、增减变动情况以及计提的原因。

第四节 工程物资和固定资产清理审计

一、工程物资审计

（一）工程物资的审计目标

工程物资的审计目标一般包括：确定工程物资是否存在；确定工程物资是否归被审计单位所有；确定工程物资增减变动的记录是否完整；确定工程物资减值准备计提是否充分、完整，方法是否恰当；确定工程物资及减值准备的期末余额是否正确；确定工程物资及减值准备的披露是否恰当。

（二）工程物资——账面余额的实质性程序

（1）获取或编制工程物资及减值准备明细表，复核加计正确，并与总账数和明细账合计数核对相符，确定减值准备科目与报表数核对相符。

（2）实地检查工程物资，确定其是否存在，并观察是否有呆滞、积压物资。

(3)抽查若干工程物资采购合同、发票、货物验收单等原始凭证,检查其是否经过授权批准,会计处理是否正确。

(4)结合在建工程审计,检查工程物资的领用手续是否齐全,会计处理是否正确。

(5)检查工程完后剩余的工程物资转入存货时对所含的增值税进项税额的处理是否正确。

(6)检查被审计单位是否对工程物资定期盘点,对盘盈(亏)是否及时处理,处理是否符合规定,会计处理是否正确。

(7)检查有无与关联方的工程物资购销业务,是否经适当授权,交易价格是否公允。

(8)确定工程物资在资产负债表上的披露是否恰当。

如果被审计单位是上市公司,通常应在其财务报表附注中分项列示各类工程物资的期初、期末余额。

(三)工程物资——减值准备的实质性程序

(1)获取或编制工程物资减值准备明细表,复核加计正确,与总账数和明细账合计数核对相符。

(2)检查工程物资减值准备计提和转销的批准程序,取得书面报告等证明文件。

(3)检查被审计单位计提工程物资减值准备的依据是否充分,会计处理是否正确。

(4)检查已计提减值准备的工程物资,关注其原建设项目的进展及可行性必要时,做出调整。

(5)检查被审计单位处置工程物资时,原计提的减值准备是否同时结转,会计处理是否正确。

(6)检查是否存在转回工程物资减值准备的情况。

(7)确定工程物资减值准备的披露是否恰当。

二、固定资产清理审计

（一）固定资产清理的审计目标

固定资产清理的审计目标一般包括：确定固定资产清理的记录是否完整；核算内容是否正确；确定固定资产清理的期末余额是否正确；确定固定资产清理的披露是否恰当。

（二）固定资产清理的实质性程序

（1）获取或编制固定资产清理明细表，复核加计正确，并与报表数、总账数和明细账合计数核对相符。

（2）结合固定资产等的审计，检查固定资产、累计折旧等结转是否正确。

（3）检查固定资产清理的原因，如系出售、报废、毁损，应检查是否经有关技术部门鉴定并授权批准，会计处理是否正确；如系对外投资、债务重组或非货币性资产交换转出，应检查有关的合同协议以及股东（大）会或董事会的决议，检查其会计处理是否正确。

（4）检查固定资产清理收入和清理费用的发生是否真实，清理净损益的计算是否正确，会计处理是否正确。

（5）检查有无长期挂账的固定资产清理余额，如有，应查明原因，必要时提出调整建议。

（6）确定固定资产清理的披露是否恰当。